汽车行业质量管理实用指南系列

生产件批准程序（PPAP）实用指南

王海军　编著

机械工业出版社

本书以 AIAG 的 PPAP 手册为蓝本，结合汽车整车厂和零部件生产企业的实际运用，介绍 PPAP 背景、实施流程、过程要求、提交与批准及保存等内容。通过案例对 PPAP 的实施流程和主要文件进行详细说明，并对文件及文件管理的知识做了介绍。本书实用性强，对于 PPAP 的要求，读者可快速理解，有效运用，取得事半功倍的效果。

本书可供从事汽车整车和零部件行业的质量管理、产品研发人员使用，尤其对刚走上产品质量管理和项目管理岗位的新手，可作为了解客户对 PPAP 要求以及快速实操应用的参考书。本书也可供汽车整车及零部件企业及其他行业质量管理、项目管理、工程管理人员及大中专院校学生参考。

图书在版编目（CIP）数据

生产件批准程序（PPAP）实用指南 / 王海军编著.
—北京：机械工业出版社，2020.2（2024.12重印）
（汽车行业质量管理实用指南系列）
ISBN 978-7-111-64847-5

Ⅰ. ①生… Ⅱ. ①王… Ⅲ. ①汽车-产品质量-质量管理-中国-指南 Ⅳ. ①F426.471-62

中国版本图书馆 CIP 数据核字（2020）第 034531 号

机械工业出版社（北京市百万庄大街22号　邮政编码100037）
策划编辑：母云红　责任编辑：母云红　王　婕　赵海青
责任校对：李　伟　封面设计：马精明
责任印制：单爱军
北京虎彩文化传播有限公司印刷
2024年12月第1版第8次印刷
184mm×260mm · 9.25印张 · 225千字
标准书号：ISBN 978-7-111-64847-5
定价：59.00元

电话服务　　　　　　　　　　　网络服务
客服电话：010-88361066　　　　机　工　官　网：www.cmpbook.com
　　　　　010-88379833　　　　机　工　官　博：weibo.com/cmp1952
　　　　　010-68326294　　　　金　书　网：www.golden-book.com
封底无防伪标均为盗版　　　　　机工教育服务网：www.cmpedu.com

前言
Preface

著名的质量管理专家约瑟夫·莫西·朱兰（Joseph M. Juran）博士从客户的角度出发，提出了产品质量就是产品的适用性，即产品在使用时能成功地满足用户需要的程度。在汽车零部件制造行业，汽车零部件的最终用户是消费者。汽车零部件供应商制造的产品满足消费者的程度体现了产品的质量水平。为了追求更高的产品质量，提高客户最终的满意程度，汽车整车厂对其供应商采取一些措施来保证其所提供产品的质量。

PPAP 为 Production Part Approval Process 的英文缩略语，译为生产件批准程序。生产件是指在生产现场使用正式的工装、工艺过程、材料、量检具、操作者、环境和过程参数设置下被制造出来的产品或零件。PPAP 是美国克莱斯勒、福特和通用三大汽车公司开发的，用来确定零部件供应商是否已经正确理解并满足客户工程设计记录和规范的所有要求；检验零部件供应商是否具有量产供货能力以满足客户质和量的要求，是否能够持续稳定地按规定的生产节拍为客户提供合格的产品。

PPAP 为汽车整车厂和零部件供应商提供了一套规范的保证产品质量的程序，它的记录文件在整车厂和供应商之间达成一致，等同于质量协议的效力。PPAP 适用于整个汽车供应链，对次级供应商，即为零部件供应商提供材料、零件的供应商，零部件供应商作为次级供应商的客户，也应要求其提交 PPAP，以确保其供货能力满足要求。PPAP 支持 IATF 16949 标准的要求，全球的大多数汽车整车厂都要求其供应商在量产前提交 PPAP，以供评审和批准。

PPAP 也是供应商积累与总结经验的有效工具。供应商在完成产品开发之后，将 PPAP 要求的文件进行归集、整理，也对产品开发过程进行了一次梳理，检查产品和过程能否满足客户的要求。

本书以美国汽车工业行动集团的 PPAP 手册为蓝本，结合汽车整车厂和零部件生产企业的实际运用，介绍 PPAP 的相关背景、实施流程、过程要求、提交与批准及保存等内容。通过案例对 PPAP 的实施流程和 PPAP 提交要求的主要文件进行详细说明，并对文件及文件管理的知识做了介绍。本书实用性强，对于 PPAP 的要求，读者可快速理解，有效运用，取得事半功倍的效果。

在实施 PPAP 时，要满足客户的特殊要求。因为许多汽车整车厂都有自己的要求与格式，各个企业的产品、工艺、工况等差别很大，所形成的文件和记录也会存在差异，所以读者要理解透彻PPAP的原理与要求，并且根据客户的要求、企业和产品的实际情况来实施。

本书共分为7章，第1章对PPAP进行了总体的描述，介绍了PPAP的背景与历史、目的与适用性。第2章介绍了PPAP的实施时机、流程，并列举了PPAP的流程案例。第3章为本书重点，详细描述了PPAP的过程要求，包括有效生产运行的要求和PPAP提交的文件要求，列举和说明了主要提交文件或记录的案例。第4章对工程变更、客户通知进行了描述。第5章介绍了PPAP的提交与批准。第6章简单介绍了文件和记录及其管理的相关知识，对PPAP文件与记录的保存要求进行了说明。第7章介绍了散装材料、轮胎和货车工业对PPAP的特殊要求。附录部分为IATF 16949术语、PPAP术语、控制图常数和公式，以便读者速查。

本书使用了部分克莱斯勒、福特和通用汽车公司的APQP、PPAP、FMEA、SPC、MSA五大手册和2019版AIAG & VDA FMEA手册提供的标准表格和填写说明，在此向手册的发布方表示感谢。

本书在编写过程中，参考了大量的书籍与资料，并参考了网络信息，参考文献中未能一一列出，在此向各位作者表示感谢！感谢AI《汽车制造业》执行主编龚淑娟女士给予的支持与帮助。感谢我的家人和朋友，得益于他们的鼓励与支持，使得本书的编写顺利完成。

由于编者水平有限，书中错漏和不当之处，恳请读者批评指正。

编　者

目 录
Contents

前 言

第1章 概 述

1.1 PPAP 的背景与历史 // 001
    1.1.1 汽车零部件行业的特点 // 001
    1.1.2 PPAP 与质量保证 // 002
    1.1.3 PPAP 与 IATF 16949 // 003
    1.1.4 PPAP 与五大工具 // 005
    1.1.5 PPAP 的版本 // 006

1.2 PPAP 的目的与适用性 // 008
    1.2.1 PPAP 的目的 // 008
    1.2.2 PPAP 的适用性 // 009

第2章 PPAP 的实施

2.1 PPAP 实施时机 // 010
2.2 PPAP 实施计划 // 010
2.3 PPAP 实施流程 // 011
    2.3.1 流程管理简介 // 011
    2.3.2 PPAP 流程 // 013
2.4 生产件批准程序案例 // 014
    2.4.1 生产件批准程序分析 // 014
    2.4.2 生产件批准控制程序案例 // 016

第3章 PPAP 的过程要求

3.1 有效的生产运行 // 020
3.2 PPAP 的要求 // 021
    3.2.1 设计记录 // 022
    3.2.2 任何授权的工程变更文件 // 032

3.2.3 客户工程批准 // 033
3.2.4 设计失效模式及后果分析 // 034
3.2.5 过程流程图 // 036
3.2.6 过程失效模式及后果分析 // 042
3.2.7 控制计划 // 042
3.2.8 测量系统分析研究 // 046
3.2.9 全尺寸测量结果 // 053
3.2.10 材料、性能试验结果记录 // 055
3.2.11 初始过程研究 // 057
3.2.12 合格实验室的文件要求 // 063
3.2.13 外观批准报告 // 065
3.2.14 生产件样品 // 066
3.2.15 标准样品 // 066
3.2.16 检查辅具 // 067
3.2.17 客户的特殊要求 // 068
3.2.18 零件提交保证书 // 069

第4章 工程变更和客户通知

4.1 工程变更 // 073
4.2 客户通知 // 075

第5章 PPAP 提交与批准

5.1 PPAP 的提交要求 // 078
5.2 PPAP 提交证据的等级 // 079
　　5.2.1 提交等级 // 079
　　5.2.2 提交证据要求 // 080
5.3 零件的提交状态 // 081
　　5.3.1 PPAP 的批准 // 081
　　5.3.2 客户的 PPAP 状态 // 081

第 6 章 文件与记录

6.1 质量管理体系文件与记录 // 083

    6.1.1 文件与记录概述 // 083

    6.1.2 建立质量管理体系文件的目的 // 084

    6.1.3 质量管理体系文件的层次 // 085

    6.1.4 质量管理体系文件的编制方法 // 086

6.2 文件与记录的管理介绍 // 087

    6.2.1 文件管理的概念 // 087

    6.2.2 文件管理和质量记录文件管理的原则 // 089

    6.2.3 文件的生命周期理论 // 091

    6.2.4 文件管理的流程 // 092

6.3 PPAP 文件与记录的保存 // 094

第 7 章 其他特殊要求

7.1 散装材料的特殊要求 // 096

    7.1.1 说明和适用性 // 096

    7.1.2 散装材料要求检查表 // 097

    7.1.3 设计矩阵表 // 098

    7.1.4 设计 FMEA // 099

    7.1.5 过程 FMEA // 104

    7.1.6 特殊特性 // 106

    7.1.7 控制计划 // 108

    7.1.8 测量系统分析研究 // 108

    7.1.9 特殊特性初期过程研究 // 109

    7.1.10 标准样品 // 109

    7.1.11 零件提交保证书 // 112

    7.1.12 临时批准 // 112

    7.1.13 客户工厂的关系 // 114

7.2 轮胎的特殊要求 // 116

    7.2.1 说明和适用性 // 116

    7.2.2 PPAP 要求指南 // 116

    7.2.3 客户提交要求的证据等级 // 117

7.3 货车工业的特殊要求 // 117

    7.3.1 说明和适用性 // 117

    7.3.2 有效的生产运行 // 118

7.3.3　尺寸结果 // 118

7.3.4　材料试验 // 118

7.3.5　质量指数 // 118

7.3.6　标准样件 // 119

7.3.7　零件提交保证书 // 119

7.3.8　零件重量 // 119

7.3.9　客户通知 // 119

附录

附录A　IATF 16949 术语 // 124

附录B　PPAP 术语 // 129

附录C　控制图常数和公式 // 136

参考文献 // 138

第 1 章 概　述

生产件批准程序（Production Part Approval Process，PPAP）属于美国汽车工业行动集团（Automotive Industry Action Group，AIAG）的五大工具之一，用来确定零部件供应商是否已经正确理解了客户的工程设计记录和规范的所有要求，以及该制造过程是否有潜力在实际生产运行中，按报价时的生产节拍持续生产满足客户要求的产品。PPAP 是大多数汽车整车厂要求其供应商对所提供的量产产品作出质量保证与承诺的依据。

1.1 PPAP 的背景与历史

1.1.1 汽车零部件行业的特点

汽车产业是我国国民经济的支柱产业之一，在国民经济中占有举足轻重的地位。汽车零部件工业是汽车工业发展的基础，汽车工业的迅猛发展，为汽车零部件工业的发展提供了良好的发展机遇。汽车零部件作为汽车特定的产品，具有其自身的行业特点。

1. 全球化采购

经济全球化为汽车零部件工业的国际化提供了大背景。当今世界，汽车零部件工业已经成为国际化程度很高的产业之一，随着全球化竞争的加剧，世界汽车零部件工业的国际化步伐逐渐加大。

汽车整车厂利用全球资源，在全世界范围内寻找供应商，寻求质量最好、价格合理的产品，实现零部件的全球采购。采购全球化导致零部件行业市场竞争加剧，平均利润水平下降，企业大规模重组。中国汽车零部件企业只能充分发挥自身优势，通过进入全球采购体系,从而融入全球汽车产业链中,最终做大做强,成为具有国际竞争力的零部件跨国公司。

2. 客户相对固定

汽车零部件是为整车服务的,除通用标准件外,大部分零部件都是匹配汽车的。汽车零部件企业生产的零部件绝大部分为固定的整车厂、固定的车型供货。因此,整车厂的每一条规定都对其零部件供应商产生或多或少的影响。对于整车厂的特殊要求,汽车零部件企业必须满足。

3. 专业化程度高

汽车零部件工业的一大特征就是产品众多。仅中国汽车工业协会统计的主要零部件就有五大系列 272 种产品,零件总个数超过 20000 个。每个汽车零部件企业只专注于一种或几种零部件领域,技术集中,专业化程度较高。

4. 供应链链条长

零部件产业的发展是由整车产业带动的,零部件企业与整车厂关系密切,二者之间分工模式的架构,使汽车零部件供应链呈现模块化、系统化的模式。大部分汽车零部件供应体系可分为三级(图 1-1),位于第一级的供应商直接向整车厂供货,位于第二、三级的供应商分别向第一、二级的供应商供货,从而形成了金字塔形的分工体系。有些零部件还会有四级、五级供应商。

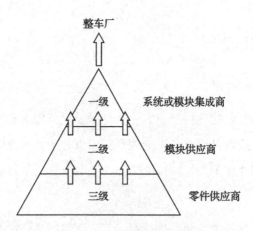

图 1-1 汽车零部件供应体系

1.1.2 PPAP 与质量保证

中国已进入高质量发展的阶段,汽车的质量更应体现与达到高质量的要求。汽车零部件的质量保证是达到汽车整车高质量的基本因素。从某种意义上说,汽车零部件的质量决定了整车的可靠性和稳定性。

在质量管理学中，把质量定义为"一组固有特性满足要求的程度"。国际标准化组织（International Organization for Standardization，ISO）所制定的 ISO 8402《质量术语》标准中也对质量作了如下的定义："质量是反映实体满足明确或隐含需要能力的特征和特征的总和。"在质量方面指挥和控制组织的协调活动就是质量管理，通常包括质量策划、质量控制、质量保证和质量改进。

质量保证是朱兰质量管理三部曲（质量计划、质量控制和质量改进）之一，是指为使人们确信某一产品、过程或服务的质量所必须进行的全部有计划有组织的活动。质量保证一般适用于有合同的场合，其主要目的是使客户确信产品或服务能满足规定的质量要求。

朱兰博士指出，质量保证就是对产品的质量实行担保和保证。在日趋成熟的买方市场条件下，质量保证的内容和范围都发生了质的变化，质量保证已从传统的、只限于流通领域的范围扩展到了生产经营的全过程，供方向需方保证的不仅是产品和服务本身的质量，而且需要提供能够保证长期稳定生产和满足需方全面质量要求的质量证据。

在汽车行业，汽车零部件制造商是汽车零部件的直接质量责任者，要对其所制造的产品承担相应的质量责任。汽车零部件制造商将所供零部件以 PPAP 的方式对汽车整车厂进行质量承诺，这是质量保证理论最切实的体现。

质量管理体系的建立与运行为质量保证活动提供了有效和积极的环境。质量管理体系是指在质量方面指挥和控制组织的管理体系，是一个组织内部建立的、为实现质量目标所必须的、系统的质量管理模式，它将资源与过程结合，以过程方法对组织的各项工作进行系统的管理。

针对质量管理体系的要求，国际标准化组织早在 20 世纪 80 年代分别制定了 ISO 9000 族系列标准，以适用于不同类型、产品、规模与性质的组织。ISO 9000 族标准由若干相互关联或补充的单个标准组成，其中为大家所熟知的是 ISO 9001《质量管理体系 要求》，现已修订更新到 2015 版。在此标准基础上，不同的行业又制定了相应的技术规范或标准，如 IATF 16949：2016《汽车质量管理体系标准——汽车生产件及相关服务件组织的质量管理体系要求》。

1.1.3　PPAP 与 IATF 16949

2016 年 10 月，国际汽车工作组（International Automotive Task Force，IATF）正式发布汽车行业新版质量管理体系标准 IATF 16949：2016，其标准名称是《汽车质量管理体系标准——汽车生产件及相关服务件组织的质量管理体系要求》。IATF 16949 标准由 ISO/TS 16949 迁移而来，并替代原有的 ISO/TS 16949 技术规范。

早在2002年4月，福特、通用和克莱斯勒三大汽车制造商在美国密歇根州底特律市召开了新闻发布会，宣布对供应厂商要采取统一的质量体系规范，这个规范就是ISO/TS 16949。ISO/TS 16949是国际标准化组织公布的一项汽车行业性的质量体系要求，是以ISO 9001为基础的国际汽车行业的技术规范。它由IATF通过对3个欧洲规范（德国的VDA、意大利的AVSQ和法国的EAQF）和1个北美规范（QS—9000）进行协调，在和ISO 9001标准结合的基础上，在ISO/TC 176的认可下制定的。IATF 16949连同适用的汽车客户特定要求、ISO 9001:2015以及ISO 9000:2015一起定义了对汽车生产件及相关服务件组织的基本质量管理体系要求。IATF 16949:2016不能被视为独立的管理体系标准，必须当作ISO 9001:2015的补充，并与ISO 9001:2015结合使用。

IATF 16949是衡量汽车制造行业企业质量管理水平的标准，它是一套能满足各大汽车整车厂要求的国际通用的汽车行业质量管理体系标准，适用于全球汽车制造业。国内大多数汽车制造厂商强制要求其各级供应商通过IATF 16949的认证，未通过认证便意味着失去作为汽车整车厂供应商的资格。可见，对于汽车零部件制造企业来说，通过IATF 16949认证，已成为进入汽车制造业市场的一张入场券。

PPAP是IATF 16949的一部分，支持IATF 16949标准的要求。IATF 16949:2016第8.3.4.4章节"产品批准过程"规定："组织应建立、实施和保持一个符合客户规定要求的产品和制造过程的批准过程"。PPAP给汽车整车厂和供应商提供了一个规范的批准过程，供产品批准使用。PPAP与IATF 16949的关系如图1-2所示。

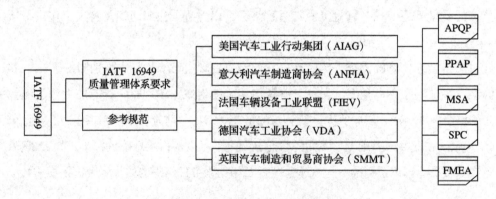

图1-2 PPAP与IATF 16949的关系

虽然大多数汽车厂都在使用生产件批准程序（PPAP），但也有一些汽车整车厂使用自己认可的程序，如德国大众的生产过程认可和产品认可（PPF）、法国标致雪铁龙的产品和过程的渐进式审核（Q3P）、现代的初期样品检测报告（ISIR）等。尽管这样，生产件批准的意义和目的是一致的，所使用的文件和记录只存在形式上的差别。

1.1.4 PPAP 与五大工具

生产件批准程序（PPAP）是 IATF 16949 的一部分，是供应商对其零部件所作的质量承诺与保证。PPAP 属于美国汽车工业行动集团（AIAG）五大工具（APQP、PPAP、FMEA、SPC、MSA）之一。若客户没有要求，一般按 PPAP 程序进行生产件批准，PPAP 一般认为是 APQP 过程的一个输出，其内容包含 FMEA、SPC、MSA 的一些文件记录。五大工具之间的关系如图 1-3 所示。

1）产品质量先期策划（Advanced Product Quality Planning，APQP），是产品和过程设计与开发的一种结构化方法，用来确定和制定确保某产品使客户满意所需的步骤，它针对于具体的产品或项目，包括从产品概念的确定、产品设计、过程开发、试生产到生产，以及全过程中的信息反馈、纠正和持续改进活动。APQP 分为五个阶段（过程），分别是计划与确定项目、产品设计与开发、过程设计与开发、产品与过程的确认和反馈、评定与纠正措施。

2）统计过程控制（Statistical Process Control，SPC），是一种制造过程的控制方法，利用统计的方法来监控制造过程的状态，确定生产过程在管制的状态下，以降低产品品质的变异。将制造中的控制项目，依其特性所收集的数据，使用控制图等统计技术来分析制造过程能力，找出这些特性变差的大小和原因，以便采取适当的措施，从而提高或改进制造过程的能力。

3）测量系统分析（Measurement System Analysis，MSA），是指通过数理统计和图表的方法对测量系统的分辨率和误差进行分析，以评价整个测量系统的测量能力是否满足被测量的特性值。测量系统是用来对被测特性定量测量或定性评价的设备或量具、标准、操作、程序、方法、检具、软件、人员、环境和假设的集合；用来获得测量结果的整个过程。测量系统分析可分为计量型测量系统分析和计数型测量系统分析两类。计量型测量系统分析通常包括稳定性、偏倚、线性、重复性、再现性（即五性）的分析、评价；计数型测量系统分析一般从一致性比率和 Kappa 值方面进行分析。

4）潜在失效模式和效果分析（Potential Failure Mode and Effects Analysis，FMEA），是一套面向团队的、系统的、定性的风险分析方法，用于分析技术风险，从而减少失效、提高产品和过程的安全性。FMEA 是一种事前行为，而不是事后行动，它应在产品和过程实施之前进行，对产品功能、性能和制造过程的步骤进行分析，找出可能发生失效的潜在风险，对这些风险进行分析评估，以采取有效的措施降低风险。FMEA 是动态、持续进行更新与完善的，也是提高产品质量

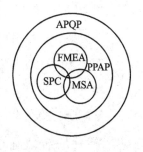

图 1-3 五大工具的关系

和可靠性的一种系统化归纳分析方法。AIAG 将 FMEA 通常分为三类，即系统失效模式及后果分析（System Failure Mode and Effects Analysis，SFMEA）、设计失效模式及后果分析（Design Failure Mode and Effects Analysis，DFMEA）和过程失效模式及后果分析（Process Failure Mode and Effects Analysis，PFMEA）。在 2019 新版的 AIAG & VDA FMEA 手册中将 FMEA 类别分为设计 FMEA（DFMEA）、过程 FMEA（PFMEA）和监视及系统响应 FMEA（FMEA Monitoring and System Response，FMEA – MSR）。

5）生产件批准程序（Production Part Approval Process，PPAP），是指供应商在生产现场使用正式的生产设备、工装模具、原材料、生产工艺、操作者、量具和环境，将生产制造出来的零部件和相关的文件、记录提交给客户，并由客户进行评审和批准的过程。向客户提交的 PPAP 文件视为供应商对客户的质量保证，其效力等同于质量保证协议。

在进行 APQP 的过程中，第四阶段要进行 PPAP，PPAP 得到客户批准后，意味着新产品的开发将进入量产阶段。如果把 APQP 看作是一个过程，PPAP 则可看作是一个结果，其文件大多数来源于 APQP 的输出。APQP 各阶段的输出参考《产品质量先期策划（APQP）实用手册》或 AIAG 的 APQP 手册，PPAP 与 APQP 的关系如图 1-4 所示。

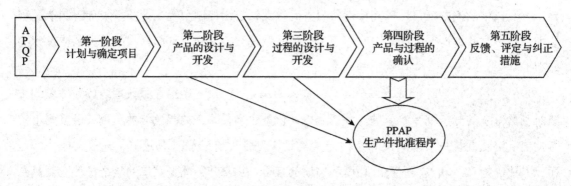

图 1-4　PPAP 与 APQP 的关系

1.1.5　PPAP 的版本

AIAG 发布的 PPAP 版本至目前是第四版。各版的发布日期如下：

第一版，1993 年 2 月发布；

第二版，1995 年 2 月发布；

第三版，1999 年 9 月发布；

第四版，2006 年 3 月发布，2006 年 6 月生效。

第一版发布之前，克莱斯勒、福特和通用汽车公司对其供应商都有提交生产件用以批准的要求，但各厂家的评审程序存在差异，这就造成了对供应商的额外要求。为了改变这一状况,在美国质量控制协会(American Society of Quality Control,ASQC)汽车部和美国汽车工业行动集团(AIAG)的主持下,克莱斯勒、福特和通用汽车公司制定了统一的程序,并通过 AIAG 于 1993 年 2 月发布了这一程序,这就是 PPAP 第一版。

1995 年 2 月发布的 PPAP 第二版,并没有对生产件批准过程进行修订,只在附录中列出了更改概要。第二版是根据各公司代表提出的意见对 PPAP 第一版进行了修改和完善,特别是采纳了各公司欧洲附属公司的建议,以便 PPAP 和 QS 9000 在欧洲实施。

PPAP 第三版与前一版相比,内容上的改变很小,只是有所发展。文本的篇幅有所增加,提供了较多的 PPAP 要求上的说明,并使得 PPAP 要求的应用向更广的使用团体扩展,增加了由克莱斯勒、福特和通用汽车公司认可的培训模式所修订的内容。PPAP 第三版的主要修订内容如下:

1)使用了"便于审核"的语言和与 QS 9000 一致的格式,以便于第三方审核。

2)为与典型的过程流向相一致,对 PPAP 要求重新进行排序。

3)将"初始过程能力要求"修改为"初始过程研究",目的是根据现有数据的总量和类型,既可以使用过程能力指数 C_{pk},也可以使用性能指数 P_{pk},与《统计过程控制》参考手册保持一致。

4)对客户何时要求通知和/或提交的说明。

5)以前 QS 9000 认可的解释中针对 PPAP 的内容。

6)载货汽车整车制造厂特殊说明。

7)对散装材料的要求,包括散装材料特殊要求的附录。

8)轮胎工业的特殊要求附录。

9)扩展的术语词汇表。

PPAP 第四版更新了各种要求,以结合与 ISO/TS 16949:2002 相关联的关注客户的过程方法和如下所列的其他变化。

1)PPAP 和 ISO/TS 16949:2002 过程方法相一致的内容包括:

①PPAP 的规定和汽车产品的开发及制造过程联系起来。

②增加了一个 PPAP 的过程流程范例。

2)在相应的网站上登载客户指南,提供现行的客户要求(例如:OEM 网站和 IAOB 网站 www.iaob.org)。

3)更新了货车 OEM⊖的要求,并将其移到附录 H。

⊖ OEM 指 Original Equipment Manufacture,原始设备制造商。

4）零件提交保证书（Part Submission Warrant，PSW）修订如下：

①提供了一个更符合逻辑的流程，来描述零件/设计的信息。

②供方的地址栏适用于全球范围。

③增加了国际材料数据系统（International Material Data System，IMDS）的材料报告，以显示报告状态。

5）PPAP特殊要求的更新包括：

①设计记录中的材质报告和聚合物标示的要求。

②过程能力指数的使用（C_{pk}和P_{pk}）。

③标准目录零件的定义和批准，和黑匣子零件的定义。

6）修订了客户通知和批准的要求，与OEM的要求相一致。（例如：删除了PPAP第三版中的1.3.3内容）

7）细化了可通用的附录C、D和E，以符合PPAP报告的要求。

8）修订了轮胎附录，允许使用OEM的规范，去除了已在PPAP要求中提到过的重复部分。

注：轮胎附录不适用于给福特公司供货的组织。

9）更新了附录F，强调散装材料检查表的重要性。

注：福特公司要求，所有给其供应散装材料的组织要遵守PPAP要求。

10）修订了术语表，与本手册更新的内容相一致。

1.2 PPAP的目的与适用性

1.2.1 PPAP的目的

生产件批准程序（PPAP）的目的是用来确定组织是否已经正确地理解了客户工程设计记录和规范的所有要求，以及该组织的制造过程是否具有潜力在实际生产运行中，以报价时的生产节拍持续生产满足客户要求的产品。

PPAP是大多数汽车整车厂要求其供应商对量产产品作出的质量保证与承诺。PPAP定义了生产件批准的一般要求，为汽车整车厂和供应商提供了一套规范的保证产品质量的程序，它的记录文件在整车厂和供应商之间达成一致，等同于质量协议的效力。为零部件供应商提供材料、零件的供应商作为次级供应商，也应按客户要求提交PPAP，以确保其供货能力和产品满足要求。PPAP支持IATF 16949标准的要求，全球的大多数汽车整车厂都要求其供应商在量产前提交 PPAP，以供评审和批准，客户有特殊要求时，还必须满足客户对 PPAP 的特殊要求。

PPAP 也是供应商积累与总结经验的有效工具，供应商在完成产品开发之后，将 PPAP 要求的文件进行归集、整理，也对产品开发过程进行了一次梳理，检查产品和过程能否满足客户的要求，丰富组织的知识。

1.2.2 PPAP 的适用性

PPAP 适用于提供生产件、服务件、生产材料或散装材料的内部和外部的组织现场。对于散装材料，如果经授权的客户代表正式豁免，可以不要求 PPAP。

对于提供标准目录中的生产件或服务件的组织必须符合 PPAP，除非由经授权的客户代表正式豁免。标准目录内的零件（例如：螺栓），通过功能规范或认可的行业标准来识别和/或订购。

PPAP 适用于整个汽车供应链。PPAP 既适用于整车厂对供应商零部件的批准，也适用于供应商对下一级供应商零部件的批准，即为零部件供应商提供材料、零件的供应商，零部件供应商作为其客户，也应要求其提交 PPAP，以确保其供货能力满足要求。

生产件、生产材料或散装材料的解释见附录 PPAP 术语。其中，生产件包括用于装配于整车的零部件和附属件，如灭火器、三角警示牌和千斤顶等。服务件就是不属于正式的新整车组装的零部件，是用来做售后服务的零件，如 4S 店用的维修件、备件、售后市场零件等。内部和外部的组织现场所指的内部是指生产该零部件的车间现场，外部是指提供零部件的供应商。

在实施 PPAP 时要参见客户特殊要求中的附加信息。所有有关 PPAP 的问题均应与经授权的客户代表联系。客户可以正式豁免对一个组织的 PPAP 要求，该豁免要求只能由经授权的客户代表签发。提出 PPAP 豁免请求的组织或供方，应该联络经授权的客户代表，以获得同意豁免的文件。

因 PPAP 的文件为 APQP 输出的核心或重要文件，有些汽车整车厂或零部件的客户对 PPAP 有强化要求，或将 PPAP 作为开发过程的控制。如等同于 PPAP 的现代 ISIR⊖，在产品开发的初始阶段，即要求其供应商按节点完成 ISIR 的相关文件；有些汽车整车厂会单独对供应商进行 PPAP 的强化培训等活动。

⊖ ISIR 指 Initial Sample Inspection Report，初期样品检查报告。

第 2 章 PPAP 的实施

PPAP 作为供方对客户质量保证的程序和工具,应在组织内部得到有效的实施,其实施的过程和实施的质量应当规范。PPAP 的实施,促使组织的知识及产品质量水平得到显著的提高。大多数组织会将 PPAP 作为一个质量管理体系的管理过程,以规范内外部 PPAP 过程。

2.1 PPAP 实施时机

在汽车行业,供应商为汽车整车厂客户开发的零部件在量产之前,客户一般会要求其供应商提交 PPAP 以批准。当组织出现以下情况的时候,必须实施 PPAP,并获得经授权的客户代表的批准,以进行正常的零部件供应:

1) 一种新的零件或产品(即以前未曾提供给某个客户的某种零件、材料或颜色)。
2) 对以前所提供零件的不符合之处进行了纠正。
3) 由于设计记录、规范或材料方面的工程变更而引起产品的改变。
4) 客户的通知和提交要求中的任一种情况。

获得经授权的客户代表豁免 PPAP 提交要求时,可以不提交 PPAP。但是,不论客户是否要求正式提交 PPAP,组织不能免除 PPAP 的实施,以供组织内部评审与批准。

2.2 PPAP 实施计划

尽管 PPAP 的大多数文件来源于 APQP 的输出,但 PPAP 工作在 APQP 活动的前期就应启动，以充分考虑客户的 PPAP 要求，确保满足客户的期望。PPAP 工作与 APQP 进度对照示意图如图 2-1 所示。

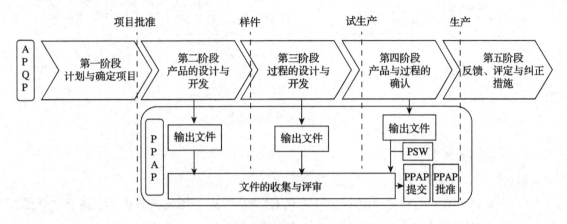

图 2-1　PPAP 工作与 APQP 进度对照示意图

从 PPAP 的文件是 APQP 的输出这一角度来看，如果 APQP 计划做得足够详细，PPAP 可以不单独制订实施计划。制订 PPAP 实施计划的目的是明确生产件批准工作各项活动的开展要求、时间、责任及各项工作的相互关系等，并将其作为实际工作进展的控制和管理依据。PPAP 计划一般是在客户有 PPAP 特殊要求的情况下制订，其提交节点在 APQP 计划中列出，因此制订 PPAP 计划要满足 APQP 的节点要求。

2.3　PPAP 实施流程

2.3.1　流程管理简介

1. 流程的概念

流程直观地解释为流动的过程，指某事项的活动顺序或步骤。《牛津词典》对流程的解释为："流程是指一个或一系列连续有规律的行动，这些行动以确定的方式发生或执行，促使特定结果的实现。"在工业活动中，流程是组织确定的一种机制。流程是通过一系列可重复、有逻辑顺序、相互关联的活动，将一个或多个输入转化为明确的、可衡量的输出结果的过程。

一个完整的流程基本包括 6 个要素：客户、价值、输入、活动、关系、输出。客户是流程服务的对象；价值是流程活动为客户带来的效益；输入是流程活动所必需的资源；活动是流程中的环节事件；关系即流程中各环节的相互关系与作用；输出即流程活动的结果。将这 6 个要素串联得出流程的定义，即流程是一组存在相互关系的将输入转化为对客户有价值的输出的活动。流程及其要素的示意图如图 2-2 所示。

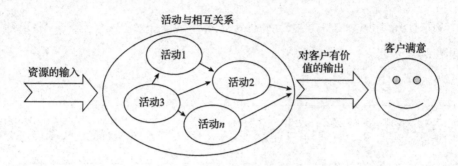

图2-2 流程及其要素

2. 流程的特点

通过对流程六要素的分析,可以发现流程具有以下特点:

1) 目标性:有明确的输出(目标或结果)。这个目标可以是开发出客户满意的产品,也可以是满意的客户服务,或是及时的产品交付等。

2) 内在性:流程存在于任何事件或行为中。所有事件与行为都可以描述为"输入了什么资源,输出了什么结果,进行了哪些活动,流程为谁创造了什么样的价值"。

3) 整体性:至少由两个活动组成。至少由两个活动,才能建立相互关系和相互作用,才能形成流动。

4) 动态性:流程是从一个活动到另一个活动的流动。流程不是静止的,它按照一定的逻辑流动关系进展。

5) 层次性:组成流程的活动本身也可以是一个流程。流程中的若干活动也可以看做是子流程,子流程又可以继续分解为若干子活动,如此这样层层嵌套。

6) 结构性:流程的结构有多种表现形式,如串联、并联、反馈等。流程的不同表现形式,影响流程的输出效果。

3. 流程管理

流程管理是在管理大师哈默提出的流程再造的基础上发展而来的。流程管理是以流程为主线的管理方法,强调管理的对象是业务流程,强调以流程为目标,以流程为导向来设计组织框架,同时进行业务流程的不断再造和创新,以保持组织活力。流程管理从组织战略和客户需求出发,进行流程策划与建立,建立流程组织机构,明确流程管理责任,监控与评价流程运行绩效,持续地进行流程优化,以创造更大的价值,实现更高的客户满意度。

组织在建立流程时,必须以客户为导向,以组织的整体目标为出发点。对于一个组织,流程不是孤立的,各经营活动、各部门的流程必须相互衔接。若各流程的输出结果都是满意的,但与其他流程存在矛盾或衔接不好,组织的整体目标将难以实现。

4. 流程管理的特点

1) 突出流程:这是流程管理最重要的特点,强调以流程为导向,以追求企业组织的简单化和高效化。

2）关注结果：流程管理以实现对客户有价值的输出为目标，绩效指标基于流程的输出来制订。

3）反向倒推：即从结果入手，倒推其过程。流程管理的关注重点是结果和产生这个结果的过程。这意味着组织管理的重点是为客户服务、组织的产出效果和运营效率。

4）注重过程效率：流程是以时间为尺度来运行的，因此这种管理模式在对每一个事件、过程的分解过程中，时间是其关注的重要对象。

5）注重连续性：流程管理将组织所有的业务、活动都视为一个流程，将流程中涉及的下一个部门视为客户，以全流程的观点来取代个别部门或个别活动的观点，使流程中的每个人、每个部门形成共同目标，对客户和结果达成共识，共同追求流程的绩效。

6）强调流程优化：持续、全面地优化流程，不断改进组织业务和活动的管理。

7）强调运用信息工具：将流程及流程中的活动运用信息技术和自动化、电子化技术来提高效率。

2.3.2 PPAP 流程

AIAG 的第四版 PPAP 手册提供了 PPAP 流程图示例（图 2-3），用于供应商在进行 PPAP 时参考。各企业组织可以参考此流程图，根据自己的实际情况制订适用的 PPAP 流程，以便于 PPAP 的实施，提高工作效率。

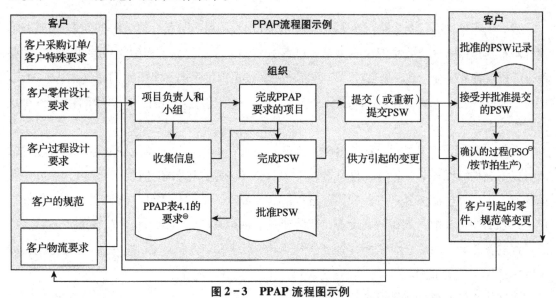

图 2-3 PPAP 流程图示例

注：1. 所示全部活动不是每次都出现。2. 记录可以以各种载体形式，保存在不同地点。

㊀ PSO 指 Process Sign-Off，工艺验证。

㊁ 指本书表 5-2。

2.4 生产件批准程序案例

质量体系中的程序文件是对完成某项活动所规定的方法的文件描述。程序文件是在质量管理体系中属于质量手册下一层级的文件，是质量手册的支持性文件。PPAP 作为 APQP 的一个节点，因生产件批准过程的活动不多，有些组织不单独制订生产件批准的程序文件。也有些组织为了细化生产件批准工作，确保满足客户的要求，会制订生产件批准的程序文件。有些组织将 APQP 和 PPAP 的责任划归不同部门，如 APQP 责任部门为项目部，PPAP 的责任部门为质量部。从以客户为关注焦点的角度，加之有些组织对产品质量先期策划和生产件批准的责任划分，建议制订生产件批准程序文件或以 3 层文件的形式进行描述，以明确和支持生产件批准的过程。

IATF 16949:2016 在第 8.3.4.4 产品批准过程条款中明确：组织应建立、实施和保持一个符合客户规定要求的产品和制造过程的批准过程。组织在策划生产件批准程序文件时，可基于流程嵌套的特点，将生产件批准作为一个子过程进行策划。也有些组织将对供应商的生产件批准要求也并入生产件批准程序文件。生产件批准程序文件可以定义为生产件批准控制程序或生产件批准管理程序等名称，本节列举了一个生产件批准过程乌龟图和一个生产件批准程序文件案例，以供参考。

2.4.1 生产件批准程序分析

建立生产件批准程序文件，首先要对生产件批准过程进行分析，对过程的要素进行识别，国际汽车工作组（IATF）推荐了一种单一过程分析图，因形似乌龟而称为乌龟图。乌龟图是用来分析过程的一种工具，是通过形体语言来表示被识别过程的 6 个关键问题（输入、输出、资源、人员、方法、绩效指标）的图示，该图分别以乌龟的头部、尾巴和 4 只脚来表示 6 个关键问题。

乌龟的腹部，主要描述过程的名称；头部描述过程的输入，根据识别的不同，过程的输入可以是文件、图样、材料、样件、数模、工具、计划等；尾部描述过程的输出，可以是具体的产品、文件、服务等；左前脚描述过程的工作方法，如程序文件、指导文件等；右前脚描述过程的相关资源，如材料、设备、工装模具、量检具、计算机系统、软件等；右后脚描述过程的责任者，应确定责任所有者（责任人）、其他参与人员或部门；左后脚描述过程的有效性指标、评价准则。

使用乌龟图对过程分析可参考下述十步法：
1) 识别过程和过程所有者（责任部门、人员），考虑过程所有者的能力、技能、知识、资格、培训等。
2) 识别基本的输入，考虑内外部客户及相关方的要求。

3) 识别基本的输出，满足需求的交付物或其他价值。

4) 识别和分析分过程或子过程，把输入转换成输出。

5) 根据分过程或子过程完善输入。

6) 根据分过程或子过程完善输出。

7) 根据分过程或子过程识别每一步骤、每一活动所需的设备设施。

8) 根据分过程或子过程识别每一步骤、每一活动需要什么人执行或操作。

9) 识别过程实现的方法，即如何操作。考虑规范的作业指导书、技术方法、操作规程、程序、技术文件等，达到标准化的过程控制。

10) 识别过程绩效指标，可监视、测量或评估过程的效果和效率。

对过程分析要基于风险和持续改进的思维，对过程要素和结果可能产生的风险、后果及影响进行分析、评价，并采取预防措施。结合 PDCA 循环⊖，不断改进、连续完善过程，以使组织确保对过程的适当管控，提供充足资源，确定改进机会并采取行动。

使用乌龟图对生产件批准过程分析的示例如图 2-4 所示。

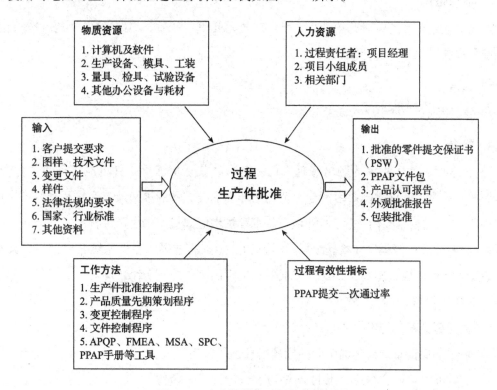

图 2-4　生产件批准过程乌龟图示例

⊖　PDCA 循环的含义是将质量管理分为 4 个阶段，即计划（Plan）、执行（Do）、检查（Check）、处理（Act）。

2.4.2　生产件批准控制程序案例

	文件编号：QP××××-×××
×××汽车部件有限公司	文件版次：A/0
生产件批准控制程序	页码：第1页，共4页
	实施日期：2020/××/××

1. 目的

规范本公司生产件批准过程，确保产品和过程满足客户的要求。确定公司是否已经正确理解了客户的工程设计记录和规范的所有要求，以及该制造过程是否有潜力，持续生产满足客户要求的产品。

2. 适用范围

适用于本公司及外购所有新产品、设计或过程变更的产品，内部批准，向客户提交生产件批准和对供方生产件批准的管理。

3. 术语

参考第四版 PPAP 手册术语部分。

4. 职责

1）技术中心为本程序的归口管理部门。负责收集、整理生产件批准所需的文件资料，并确保文件质量，其他部门协助配合；负责生产件批准文件的提交及与客户联系生产件批准事宜；负责生产件批准文件的存档管理；负责审核供应商提交的生产件批准文件。

2）质量部负责提供尺寸检验结果、材料和性能试验结果、测量系统分析结果、具有资格实验室的文件、检查辅具、外观批准报告；负责制订供方的 PPAP 要求；负责供方样品的检测；负责供方 PPAP 的批准。

3）生产部负责安排组织对新产品试生产。

4）采购部负责对供应商的生产件批准信息进行传递。

5）市场部负责回收客户签批的 PSW 等文件原件或复印件。

5. 工作内容与流程

（1）面向客户生产件批准工作流程

序号	流程	工作说明	责任部门	文件/表单
1	文件收集、整理	从 APQP 的输出中收集整理	技术中心	设计记录 变更文件 客户工程批准文件 过程流程图 DFMEA PFMEA 控制计划
2	试生产	1. 产量为客户指定或至少 1~8h，且至少 300 件的连续生产 2. 必须是正式的生产环境、工装、量具、过程、材料和操作人员 3. 客户有要求时，和客户现场共同确认生产过程和产品	生产部 质量部	样品 标准样品
3	样件检测	1. 样件检测为全尺寸、全性能检测 2. 检测包括外观检测 3. 客户有要求时，检验和试验必须在客户要求的合格试验室内进行	质量部 技术中心	全尺寸测量结果 材料/性能试验结果 合格试验室的文件
4	准备 MSA 报告	参考 MSA 手册	质量部	测量系统分析报告
5	准备初始过程能力研究	参考 SPC 手册	技术中心	初始过程能力研究报告
6	准备外观批准报告	产品有外观要求时，必须完成外观批准报告	质量部	外观批准报告
7	检查辅具和符合特殊要求记录	1. 客户若对检查辅具提出要求，必须提交检查辅具 2. 客户有其他特殊要求时，必须提交符合客户特殊要求的记录	技术中心 质量部	检查辅具 符合客户特殊要求的记录
8	填写零件提交保证书	参考 PPAP 手册	技术中心	零件提交保证书
9	内部审批？	所有新品或变更量产前，无论客户是否有要求，必须进行公司内审批	质量部 管理层	PPAP 文件包
10	向客户提交	按客户要求的等级提交 PPAP 文件包	技术中心	PPAP 文件包
11	批准文件的回收	市场部将客户签批的 PSW 和其他文件以原件或复印件的形式回收	市场部	签批的 PSW 签批的其他文件
12	文件存档	1. 技术中心将 PPAP 文件资料存档 2. PPAP 批准后，生产部组织量产	技术中心 生产部	PPAP 文件包

(2) 面向供方生产件批准工作流程

序号	流程	工作说明	责任部门	文件/表单
1	PPAP提交要求	质量部按外购件的质量等级和特性对供方提出 PPAP 要求	质量部	PPAP 提交通知
2	信息传递	采购部将 PPAP 提交要求传递给供方	采购部	PPAP 提交通知
3	PPAP文件的回收	采购部回收客户提交的 PPAP 文件包	采购部	PPAP 文件包
4	样件检验？	有必要时，对供方提交的样件进行检验	质量部 技术中心	样件检验报告
5	文件评审？	质量部组织相关部门对 PPAP 文件评审	质量部 技术中心 采购部	PPAP 文包
6	批准	1. 质量部负责对供方 PPAP 批准 2. 采购部负责将批准信息传递给供方	质量部 采购部	PPAP 文件包
7	文件存档	技术中心将 PPAP 文件资料存档	技术中心	PPAP 文件包

6. 其他说明

略。

7. 过程绩效指标

PPAP 一次通过率 = （PPAP 一次通过数/提交 PPAP 总数）×100%。

8. 相关文件和记录

（1）相关文件

QP××××-×××　产品质量先期策划管理程序

QP××××-×××　工程更改管理程序

QP××××-×××　文件控制管理程序

QP××××-×××　采购管理程序

（2）质量记录

JL×××-01　PPAP 文件清单

JL×××-02　零件提交保证书

JL×××-03　外观批准报告

JL×××-04　尺寸检验结果

JL×××-05　材料试验结果

JL×××-06　性能试验结果

JL×××-07　PPAP提交通知

9. 更改记录

序号	更改日期	更改条款	更改内容	更改标记	更改申请号	更改人
1	2020/××/××	-	首次发布	-	-	×××
2						
3						
4						
5						

第 3 章
PPAP 的过程要求

PPAP 提交前，必须进行有效的试生产，用于 PPAP 的生产件必须是在有效、稳定的生产过程下生产的。生产件必须符合所有客户工程设计记录和工程规范要求，必须符合安全性和法规的要求。组织必须满足 PPAP 规定的 18 项要求和客户的其他 PPAP 要求，但要根据组织和产品的特性，考虑 PPAP 的 18 项要求或记录的适用性。

3.1 有效的生产运行

对于生产件，用于 PPAP 的产品，必须取自有效的生产运行（Significant Production Run）。若经授权的客户代表没有特别的规定和要求，该生产过程必须是 1~8h 的连续生产，且该生产过程至少生产 300 件产品。该有效的生产，必须是在正式的生产现场使用与量产环境同样的工装、量具、过程、材料和操作人员。来自每个生产过程的产品，如：可重复的装配线和/或工作站、一模多腔的模具、成型模、工具或模型的每一位置的产品，都必须进行测量，并对代表性产品进行试验。

对于散装材料，没有具体数量的要求。提交的产品（材料）必须出自"稳定的"生产过程。通常可以用现有产品（材料）的生产记录来估计初期过程能力或新的类似产品（材料）的性能。如果在生产记录中不存在类似散装材料的产品或技术，则在证实其过程能力或性能足够达到量产要求之前，可实施遏制计划，除非客户另有规定。

如果客户对有效的生产运行有特殊要求，则必须满足客户的要求。如，有的客户要求两日生产，有的客户要求在试产时确认生产节拍，有的客户会现场确认过程等，对客户的这些特殊要求，组织应提供条件来满足客户。

有效的生产运行是 PPAP 必需的要求，通过有效的生产运行可完成 PPAP 所需的一些要求（文件）以及其他验证工作。可在有效的生产运行中进行的工作主要有：

1）测量系统分析。

2）初始过程能力研究。

3）生产节拍证实。

4）过程评审。

5）生产确认试验。

6）包装评价。

7）首次合格能力（First Time Capability，FTC）。

8）质量策划认定。

9）生产件样品。

10）标准样件。

3.2 PPAP 的要求

第四版 PPAP 规定了 18 项要求（文件），这 18 项要求（文件）的顺序，基本符合 APQP 过程输出的顺序，PPAP 文件大部分已在 APQP 实施时输出。客户对 PPAP 文件样式有要求时，按照客户要求的样式制作，有时客户也会要求增加文件或有其他要求，组织也必须满足。表 3-1 列出了第四版 PPAP 规定的要求。

表 3-1 PPAP 的要求

序号	内容	序号	内容
1	设计记录	10	材料、性能试验结果
2	工程变更文件	11	初始过程研究
3	客户工程批准	12	合格实验的文件
4	设计 FMEA	13	外观批准报告（Appearance Approval Report，AAR）
5	过程流程图	14	生产件样品
6	过程 FMEA	15	标准样品
7	控制计划	16	检查辅具
8	测量系统分析研究	17	客户特殊要求
9	全尺寸测量结果	18	零件提交保证书（PSW）

散装材料的 PPAP 要求参考《散装材料要求检查表》中的定义。

任何产品若未达到规范要求，组织必须书面记录解决问题的方案，并联系经授权的客户代表，以决定适当的纠正措施。

PPAP 所规定的 18 项要求中的项目或记录，并不一定适用于每个组织的每个产品。例如：有些产品没有外观要求，有些产品没有颜色要求，塑胶件可能有标示聚合物的要求等。为了确定必须包括哪些项目，应该参考设计记录，例如：零件图样、相关的工程文件或技术规范，必要时可咨询经授权的客户代表，以获得支持，达成一致意见。

3.2.1 设计记录

设计记录，是指用于记载产品/零件规格、规范和技术要求等信息，以图样、工程规范、数学数据等形式存在的记录。

组织必须具备所有可销售产品/零件的设计记录（如：CAD/CAM 数学数据、零件图样、规范等），包括：组件的设计记录或可销售产品/零件的详细信息。如果设计记录是以电子档案的形式存在（如：数学数据），则组织必须制作一份文件复件（如：带有图例、几何尺寸与公差的表格、图样）来明确标示所需进行的测量。

对于任何可销售的产品、零件或组件，无论谁具有设计责任，应只有唯一的设计记录。设计记录可引用其他的文件作为该设计记录的一部分。

单一的设计记录可以表示多种零件或装配结构，例如：有许多孔的一个支架可以有不同的用途。

对于定义为黑盒子的零件（见附录 B PPAP 术语），设计记录要规定和其他件配合的关系和性能要求。

对于标准目录零件，设计记录可能只包含功能规格或者认可的行业标准的参考要求。

对于散装材料，设计记录可以包括原材料的标示、配方、加工步骤和参数，以及最终的产品规范和接收准则。如果尺寸结果不适用，那么 CAD/CAM 的要求也将不适用。

PPAP 提交时，客户设计的图样等设计记录，应提交客户原图或设计记录的复印件；由供方设计图样等设计记录，应提交客户会签的图样或其他批准的证据。

1. 零件材质报告

组织必须提供按客户要求完成的材质报告，并且数据要符合所有的客户要求。

零件材质报告可以使用国际材料数据系统（International Material Data System，IMDS）或客户规定的其他系统或方法。IMDS 的网站为：http://www.mdsystem.com/index.jsp。目前，国内大部分汽车及零部件厂家采用中国汽车材料数据系统（China Automotive Material Data System，

CAMDS），网站为：http://www.camds.org。

(1) IMDS 简介

IMDS 是服务于汽车行业的材料数据系统，起初是由汽车制造公司奥迪、宝马、戴姆勒、DXC、福特、欧宝、保时捷、大众和沃尔沃联合开发的，期间又有更多的厂商加入该联盟。IMDS 现已成为几乎全球 OEM 厂商都在使用的一个标准。

现今，汽车已成为人们的生活必备物品，汽车数量的膨胀和如何环保经济地处理报废汽车，促进汽车行业的可持续发展，越来越成为一个国际性关注的问题。随着各国对环保的重视和法律法规的陆续颁布，汽车的回收利用率将达到95%，要遵循这些法律、法规，重复使用95%的车辆材料，必须了解车辆确切的材料构成及材料成分。IMDS 收集、维护、分析和储存了所有汽车制造行业所用到的材料。汽车供应链的厂商使用 IMDS 保存、维护所制造产品的相关材料信息，汽车制造商和供应商可依据本国及国际标准、法律和法规的要求履行相应的义务。

供应商使用 IMDS 时，首先在 IMDS 网站系统中申请注册一个组织账号，用以识别所提交材料信息的来源，每个企业或企业经营地只允许注册一次且只允许有一个帐号。IMDS 登录界面如图 3-1 所示。供应商在系统中制作材料数据表（Material Data Sheet, MDS），并将材料数据表发送至接收人，请求客户接受。客户接受后，可将已批准的文档下载，作为 PPAP 的一部分提交给客户。

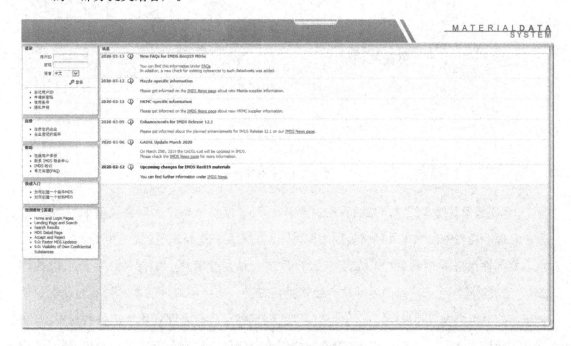

图 3-1　IMDS 登录界面

使用 IMDS 的益处：

1）有益于环保，禁用/限用有毒有害物质。

2）有益于新车设计时考虑便于拆解，以达到报废汽车、部件、材料的回收再利用。

3）有利于增加可回收材料的使用。

4）有利于职业健康和安全。

5）有利于终端客户的舒适和安全。

6）提供多国语言界面，便于使用操作。

(2) CAMDS 简介

中国汽车材料数据系统（CAMDS）。也是一个为适应国际、国家的法规，环保经济地处理报废汽车，促进汽车行业的可持续发展而开发的网络系统。CAMDS 登录界面如图 3-2 所示。

图 3-2 CAMDS 登录界面

CAMDS 是为贯彻《汽车产品回收利用技术政策》、实施汽车产品回收利用率和禁用/限用物质管理、提高中国汽车材料回收利用率而开发的产品数据管理平台。它将帮助汽车行业对汽车零部件供应链中的各个环节和各级产品进行信息化管理。零部件供应商可以使用 CAMDS 完成对整车生产厂商的零部件产品填报与提交，阐明零部件的基本物质与材料的使用情况，并对所填报产品进行统一的分类管理。汽车整车厂商能够利用零部件的材料物质，在产品的设计、制造、生产、销售和报废回收等各个阶段完成对车辆产品中禁用/限用物质使用情况的跟踪与分析，为我国汽车行业提供一个能够在整个供应链中跟踪零部件产品化学组成成分的解决方案，全面提高我国汽车产品及零部件材料的报废回收水平。

目前，国内大部分整车企业已经达成共识，成立了管理委员会，作为 CAMDS 建设、运行、服务及维护的管理和决策机构。

使用 CAMDS 的有以下优点：

1）汽车行业的整车企业和零部件企业，以及其产品供应链中的各级供应商等都可以使用。

2）供应商只需使用 CAMDS 一个系统便可向多个厂商提供零部件信息，有利于降低企业成本。

3）帮助汽车及零部件符合全国的检验标准。

4）提高我国汽车及零部件材料的报废回收水平。

5）帮助整车厂对整车的材料物质进行分析。

2. 聚合物的标示

适当时，组织必须按 ISO 的要求标注聚合物。如：ISO 11469《塑料 塑料产品通用标识和标记》，ISO 1629《橡胶和乳胶–命名法》的要求，必须按下列重量准则确定是否适用标示要求：

1）塑料件重量至少 100g（ISO 11469/1043–1）。

2）合成橡胶件的重量至少 200g（ISO 11469/1629）。

聚合物又称加聚物，是由一种单体经聚合反应而成的产物，分子量低的称为低聚物，分子量高的称为高聚物或高分子化合物。高聚物分为天然高聚物和人工合成高聚物，天然高聚物即生物高聚物，大多可被生物降解；而人工合成高聚物是难降解物质，这些聚合物的废弃会造成环境污染，影响人体健康，破坏生态平衡。汽车上常用的聚合物产品为人工合成高聚物，为便于聚合物产品的废弃回收分类，减少环境污染，在产品上标示永久性聚合物的符号是必要的。汽车零部件中常见的聚合物有塑料和橡胶两大类。

塑料类聚合物：聚氯乙烯（PVC）、聚乙烯（PE，分为高密度聚乙烯 HDPE 和低密度聚乙烯 LDPE）、聚丙烯（PP）、聚苯乙烯（PS）、ABS 树脂、聚甲基丙烯酸甲脂（PMMA）、聚酰胺（PA）、聚甲醛（POM）、聚碳酸脂（PC）等。

橡胶类聚合物：顺丁橡胶（BR）、乙丙橡胶（EPDM）、聚氨脂胶（PU）、硅橡胶（MQ）、热塑性硫化橡胶（TPV）等。

聚合物的标示是指在聚合物产品上进行标示，产品的重量超过规定数值时，必须在产品上标记聚合物永久性标示，标示方法可使用模具刻印、激光打印等。一般需要使用标准的材料符号或缩略语进行标识，材料符号或缩略语置于">"和"<"之间，如">PP<"、">PP-TD20<"。聚合物的标示方式参考 ISO 11469；塑料材料代号可参考 ISO 1043.1：2001《塑料——符号和缩略语——第 1 部分：基础聚合物及其特征性能》，填充和增强材料可参见 ISO 1043.2：2000《塑料——符号和缩略语——第 2 部分：填充和增强材料》，相应的中国国家标准为 GB/T 1844《塑料 符号和缩略语》；橡胶材料代号参考 ISO 1629，相应的中国国家标准为 GB/T 5576—1997《橡胶和乳胶 命名法》。

3. 零件图样

零件图样是表达单个零件的形状、尺寸和技术要求的图样，主要用于零件的制造和检验，是制造业最重要的技术文件之一。一套完整的零件图样应包括零件的形象、尺寸、标题栏和技术要求。零件图样的绘制应遵循 GB/T 17451—1998《技术制图 图样画法 视图》的规定。

零件的形象表达应完整、正确、清晰、简练。应选用视图、剖视、剖面、局部放大等一组合适的视图对零件的形状、内外结构和位置进行表达。视图选择应精而准，以便于读图、表达清晰、完整为原则。

尺寸的标注用来标识零件的大小和相对位置。零件图上的尺寸标注要完整、清晰，满足技术和工艺的要求。尺寸的标注要注意合理的确定尺寸基准，基准分为设计基准和工艺基准，基准的确定要考虑零件的装配关系、加工方法、测量方法及作用。

技术要求是指制造和检验零件时应达到的质量要求。技术要求可在图示上进行标注，也可在图面上合适的区域用文字或表格进行描述。技术要求主要包括：①零件的颜色、皮纹、粗糙度等外观要求；②材料牌号、性能等要求；③尺寸、形状、位置公差要求；④热处理、涂装、喷涂等要求；⑤零件的性能、检测、验收、包装、标识等要求；⑥其他国家、行业的法律法规要求等。

图 3-3 所示为一个简单零件的图样示例。

4. 总成图样

总成图，即装配图。如果设计职责属于组织或供方，可以作为黑盒子零件的设计记录。装配图是表达产品或零件的工作原理、运动方式、零件间的连接及其装配关系的图样，也是制造业最主要的技术文件之一。在设计产品时，一般是先画出装配图，再由装配图拆画出零件图。装配图用于零件的装配作业和检验。

装配图由总成形象、必要尺寸、明细栏、标题栏、技术要求和图框构成。总成的形象由各种视图清晰、完整地表达出总成的配合关系、各零件的位置、形状结构及工作原理；尺寸标注包括外形、配合和安装所需的重要尺寸；明细栏用于列出总成所包含的各个零件，应注明零件编号、零件名称、数量和材料等;标题栏列明总成的名称、编号、图样比例、页码、公司名称以及相关设计者、审批者的签署;技术要求列出总成在组装、检验、使用及性能等方面的要求。某产品总成图图样示例如图3-4所示。

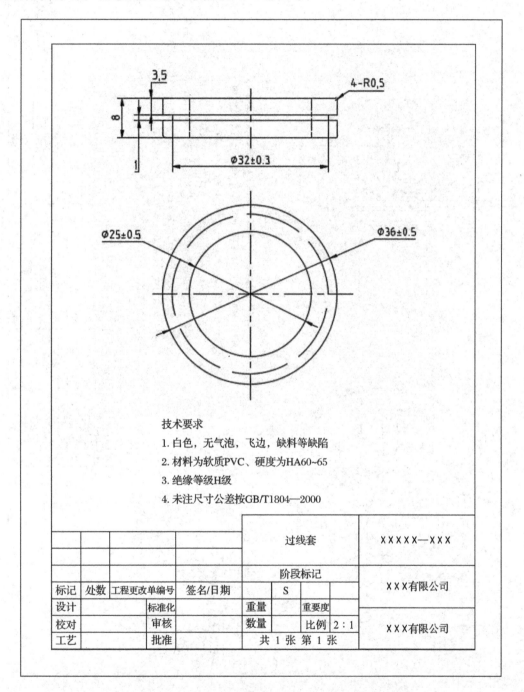

图3-3 零件图样示例

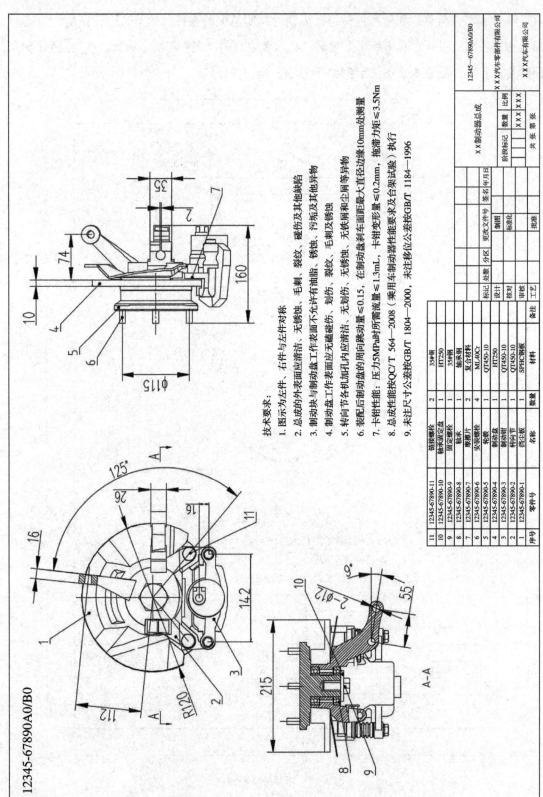

图3-4 总成图样示例

5. CAD/CAM 数学数据

数学数据指的是以数学计算获得的计算机图形，以电子档案形式存在。通常是 3D 形式，即三维数据模型。汽车行业的产品设计多用 CATIA 软件，模具设计多用 UG 软件。某产品 CAD 数学数据的示例如图 3-5 所示。但提交 PPAP 时，对这种形式的数学数据必须制作一份有图例、几何尺寸与公差的表格或图样文件复件，以明确标示所需进行的测量。

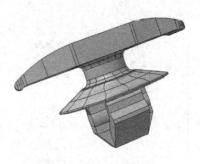

图 3-5　产品 CAD 数学数据示例（电子截图）

6. 技术规范

技术规范通常包括工程规范与材料规范，有些规范会在图样中标出。

（1）工程规范

工程规范是产品的功能、性能、耐久性和外观的可接受准则。这些接受准则和样本的容量、频率可以在工程规范中确定，也可以在控制计划中明确。工程规范包括诸如产品技术规范、试验标准、检测规范等文件形式，由设计部门负责输出。多功能小组对工程规范评审，有助于其对产品功能、性能、耐久性和外观要求的识别。工程规范根据产品特性和复杂程度，可以通过文件或表格的形式来表现。表 3-2 为工程规范（产品技术规范）示例。

表 3-2　工程规范示例（产品技术规范）

编号：QT×××××-×××

产品名称	空气滤清器	产品图号	12345-67890	产品型号	××型
项目/车型	××车型	客户名称	××××汽车有限公司		

一、产品外形概况

(续)

产品名称	空气滤清器	产品图号	12345-67890	产品型号	××型
项目/车型	××车型	客户名称	××××汽车有限公司		

二、产品外观
总成外表面不允许有明显的伤痕、磕碰、毛刺、气泡、杂质、划伤等缺陷。滤芯外观：密封端面不允许有凹陷、撕裂和损坏等缺陷，不规则的纸褶数量应不超过5%。所有金属件表面应防锈处理。

三、材料
壳体材料为PP+20%玻璃纤维。主滤芯为树脂处理微孔滤纸。材料性能如下：

序号	项目	规范要求
1	密度/(g/cm^3)	1.03±0.03
2	熔体流动速率/(g/10min)	≥3
3	拉伸强度/MPa	≥35
4	弯曲强度/MPa	≥43
5	断裂伸长率(%)	≥20
6	缺口冲击强度/(kJ/m^2)	≥10
7	热变形温度/℃	≥120

四、产品性能

序号	项目	规范要求
1	耐热性	110℃×70h，无变形、变色、发粘等异常现象
2	耐寒性	(-40±1)℃×70h，无裂纹及其他异常现象
3	阻燃性	≤100mm/min
4	原始进气阻力	≤2.5kPa
5	原始滤清效率	≥99.7%
6	全寿命滤清效率	≥99.9%

五、标识和包装
每件产品上应标明：
①公司和主机厂的厂标或商标；
②产品型号和执行标准；
③材料">PP+GF20<"；
④在外壳底盖上粘贴警示标识。

每件产品单独包装，包装箱内应有防潮材料，且保证在正常运输中不会损伤产品，包装箱外应标明：
①公司名称、地址和电话号码；
②产品名称、型号和执行标准；
③出厂日期、数据和毛重；
④包装箱的外形尺寸，长×宽×高；
⑤"防潮""小心轻放"等标志。

(2) 材料规范

材料规范用于确定原材料的特性、性能以及对环境、搬运和贮存的要求。材料规范应明确材料的特殊特性；材料的供方应纳入组织合格供应商，客户有要求时，必须满足客户的要求。多功能小组对材料规范进行评审,将材料的特性要求传递给材料供应商,并包含在控制计划中。表3-3为材料规范示例。

表3-3 材料规范示例

编号:QT×××××-×××

产品名称		××车门密封条	产品图号		12345-67890			
项目/车型		×××车型	客户名称		××××汽车有限公司			
材料名称		EPDM	材料牌号	××××	材料供方	××××有限公司		
序号	项目	技术要求	检测设备	检测方法	容量	频率	特殊特性	备注
1	表观密度/(g/cm³)	0.65±0.1	分析天平	HG/T 3055	3	1次/批	●	
2	拉伸强度/MPa	≥2.5	电子拉力试验机	GB/T 528	3	1次/批	●	
3	断裂伸长率(%)	≥150	电子拉力试验机	GB/T 528	3	1次/批	●	
4	热空气老化,70℃/70h	拉伸强度变化率(%) -15~+15	热空气老化试验箱 电子拉力试验机	GB/T 3512	3	1次/批		
		断裂伸长率变化(%) -35~+35			3	1次/批		
5	耐水性(80±2)℃/120h	拉伸强度变化率(%) -15~+15	水浴箱电子拉力试验机	QC/T 639	3	1次/年		
		断裂伸长率变化(%) -35~+35			3	1次/年		
6	耐臭氧老化:拉伸20%,(40±2)℃×72h,臭氧浓度(2±0.2)×10⁻⁶	无龟裂	臭氧老化试验箱	GB/T 1634	3	1次/年		
7	脆性温度/℃	≤-40	脆性温度试验机	GB/T 7762	3	1次/批	●	
8	污染性	轻微污染		GB/T 19243	3	1次/年		
9	腐蚀性	1级:未变成黑色		QC/T 639	3	1次/批		
10	仓储温度/℃	≤23	温湿度表	点检记录		1次/日		
11	仓储湿度(%)	≤70	温湿度表	点检记录		1次/日		
12	搬运	避光/避雨			100%	连续		
编制/日期			审核/日期			批准/日期		
评审栏								

7. 设计验证计划和报告

设计验证计划和报告(Design Verification Plan and Report, DVP&R),是一种制订贯穿于

产品/过程开发从开始到每一改进阶段的试验活动计划和文件化的方法。设计验证计划依据产品的技术规范、标准及设计经验制定，主要目的是提供一种通过试验对产品设计的结果进行评价的指导文件。有效的 DVP&R 为工程技术人员提供了准确文件化的工作帮助。

多数汽车整车厂要求 PPAP 提交文件包中要包含 DVP&R。一份完整的 DVP&R 能够涵盖对产品设计全面评价的内容，包括了产品的材料、尺寸、功能、性能、耐久性和外观的可接受准则，涵盖了产品工程规范和材料规范的范围。设计验证计划一般在产品设计阶段完成，并与客户达成一致意见。表 3-4 为设计验证计划和报告（DVP&R）的参考表格。

表 3-4 设计验证计划和报告参考表格

Design Verification Planning & Report 设计验证计划和报告							DVP 编号：DV180805-1				部门编号	页码
^ ^ ^ ^ ^ ^ ^	计划日期：××××年××月××日				计划编制人：陈××	
零件/总成：遮阳板总成			零件号：12345-××××				部门批准：				项目批准：	
车型/年：××车型			平台：×				报告日期：				报告工程师：	
测试计划							测试报告					
序号	测试项目	接受标准	试验方法	样本数量	样本类型	测试责任人	测试时期	计划日期开始	计划日期结束	实际日期开始	实际日期结束	测试结果	测试报告	备注
1	阻燃（例）	≤100mm/min	GB 8410	5	工装件	刘××	DV	2018.8.5	2018.8.10	2018.8.5	2018.8.6	OK	DV 180 8156	

说明：

3.2.2 任何授权的工程变更文件

对于任何尚未在设计记录中体现的，但已在产品、零件或工装上呈现出来的工程变更，组织必须有该工程变更的授权文件。这个要求是在进行 PPAP 时，针对有产品或过程变更的情况，但暂未更改设计记录，必须得到经授权的内部或客户代表批准的文件，以满足 PPAP 要求。

一般情况下，由客户提出的变更会得到客户签发的通知文件。表 3-5 为客户签发的设计更改通知示例。由供方组织提出的任何产品和过程变更，必须通知经授权的客户代表并获得客户批准，在客户批准变更后，组织要重新提交 PPAP，除非客户弃权。变更通知要求详见第 4.2 节客户通知部分。

表 3-5 客户设计更改通知单示例

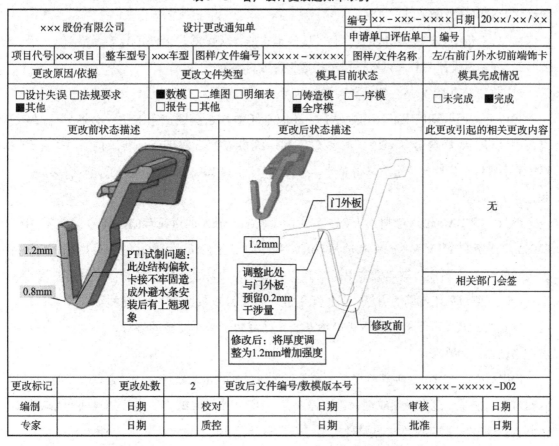

3.2.3 客户工程批准

客户要求时，组织必须具有客户工程批准的证据。对于有产品设计责任的供应商，其所设计的图样、工程规范等需得到客户的承认，并由客户签字确认。有些客户会要求在 PPAP 提交前，单独给供应商签署控制计划、检验规范、DVP、ESO、TKO 等工程批准文件，组织要满足客户的这些要求。提交 PPAP 时，组织应该将客户签字承认的图样、规范及其他工程批准文件等复印件,作为客户工程批准的证据提交。

对于散装材料,在《散装材料要求检查表》"工程批准"一栏有客户签署即可满足本要求,在客户批准的材料清单上有此种材料,也可满足本要求。详细参见散装材料的特殊要求(第7.1.2节散装材料要求检查表)。

3.2.4 设计失效模式及后果分析

设计失效模式及后果分析即DFMEA,也叫设计FMEA,是对潜在或实际的产品设计失效问题进行分析,进行规避与纠正的一种系统性、可靠性的分析方法。PPAP手册对设计失效模式及后果分析做了以下要求:

1)如果组织有产品设计职责,必须按照客户的要求开发设计FMEA。

2)同一份设计FMEA可以适用于相似零件或材料族系。

3)散装材料DFMEA,参见散装材料的特殊要求(第7.1.4节设计FMEA)。

2019年6月,新版FMEA正式发布。2019版FMEA由美国汽车工业行动集团(AIAG)与德国汽车工业联合会(VDA)的整车厂和一级供应商合作出版。新版的AIAG & VDA FMEA手册将逐步替代美国汽车工业行动集团的第四版FMEA和德国汽车工业联合会的产品和过程FMEA。

AIAG & VDA FMEA手册第1.3.5节明确了新旧FMEA的过渡策略。指出"使用AIAG FMEA第四版和VDA版本产品和过程FMEA制作的现有FMEA可以保持原有格式并用于后续版本修订。""新项目应遵循本手册中介绍的FMEA方法,除非公司领导层和客户特定要求(CSR)要求采用不同的方法。"也就是说,新项目或较大变更必须采用新版FMEA方法;原有的FMEA可保留原有格式仍然有效,并可用于微小变更的修订;若客户有特定要求,遵循客户的要求。

FMEA适用于以下三种基本情况:一是新设计、新技术或新过程;二是现有设计或过程的新应用;三是对现有设计或过程的工程变更。DFMEA的实施方法主要是根据产品功能进行分析;PFMEA的实施方法主要是根据过程步骤进行分析。

FMEA应视为项目进行规划,在DFMEA和PFMEA开始时应讨论五个主题,即"5T",以便及时取得最佳效果,避免FMEA返工。这些主题可作为项目启动的一部分,分别是:FMEA目的、FMEA时间安排、FMEA团队、FMEA任务和FMEA工具。

成功实施FMEA的最重要因素之一是及时性。为最小化后期变更的风险,降低开发成本,FMEA最好在产品开发的早期启动。APQP参考手册中指出,DFMEA是产品设计和开发部分的一项活动,PFMEA是过程设计和开发的活动。但FMEA不应只看做是一个单一的事件，而应是完善产品和过程开发的一个长期活动，并且 FMEA 贯穿整个新产品开发过程。在 AIAG 和 VDA 的新版 FMEA 中，将 FMEA 的过程定义为项目，且明确了与 AIAG 产品质量先期策划（APQP）的对应关系（表3-6）和与 VDA 新零件成熟度保障（Maturity Level Assurance for New Part，MLA）的对应关系（表3-7）。

表3-6 FMEA 工作与 APQP 阶段的对应关系

先期产品质量策划（APQP）阶段	策划和定义方案	产品设计与开发的验证	过程设计与开发的验证	产品与生产确认	反馈评估和纠正措施
设计 FMEA	在产品开发启动之前的概念阶段开始 FMEA 计划 从设计 FMEA 到过程 FMEA 的信息流动	充分理解设计概念后，启动设计 FMEA	在用于报价的设计规范发布之前完成设计 FMEA 分析	在生产工装开始之前完成设计 FMEA 行动	如果现有设计和过程发生改变，则重新开始策划设计 FMEA 和过程 FMEA
过程 FMEA	应在同一时间段内执行设计 FMEA 和过程 FMEA，以便优化产品和过程设计	充分理解生产概念后，启动过程 FMEA	在最终过程决策之前完成过程 FMEA 分析	在 PPAP/PPA 之前完成过程 FMEA	

表3-7 FMEA 工作与 MLA 阶段的对应关系

VDA 新零件成熟度保障	ML0	ML1	ML2	ML3	ML4	ML5	ML6	ML7
	量产开发创新批准	采购范围的需求管理	确定供应链并下订单	技术规范批准	生产规划完成	量产工装、备件和量产设备完成	产品和过程批准	项目结束，责任移交至批量生产，开始再确认
设计 FMEA		在产品开发启动之前的概念阶段开始 FMEA 计划 从设计 FMEA 到过程 FMEA 的信息流动	充分理解设计概念后，启动设计 FMEA	在用于报价的设计规范发布之前完成设计 FMEA 分析		在生产工装开始之前完成设计 FMEA 行动		如果现有设计和过程发生改变，则重新开始策划设计 FMEA 和过程 FMEA
过程 FMEA		应在同一时间段内执行设计 FMEA 和过程 FMEA，以便优化产品和过程设计	充分理解生产概念后，启动过程 FMEA		在最终过程决策之前完成过程 FMEA 分析		在 PPAP/PPA 之前完成过程 FMEA	

AIAG 和 VDA 的新版 FMEA 使用"七步法"作为 FMEA 开发的方法，类似于 VDA 第四卷《产品与过程 FMEA》中的"五步法"。"七步法"也是新版 FMEA 最显著的变化之一，分别是：规划和准备、结构分析、功能分析、失效分析、风险分析、改进优化、结果文件化。表 3-8 为 FMEA "七步法"的说明。

AIAG 和 VDA 的新版 FMEA 另一个显著变化是取消了风险顺序指数（Risk Priority Number, RPN），而使用行动优先级（Action Priority, AP），并修改了严重度（S）、频度（O）和探测度（D）的评级标准。行动优先级 AP 是将 S、O、D 三个因素进行组合，确定高、中、低三个级别，对优先级高的项目优先采取降低风险的措施。

更多 AIAG 和 VDA 新版 FMEA 的详细内容，请参考 AIAG 和 VDA FMEA 手册 2019 版。

由于老版 FMEA 仍然有效，本节分别列举了根据 AIAG 第四版 FMEA 手册建议的表格编制的 FMEA 示例和根据 2019 版 AIAG 和 VDA FMEA 手册标准表格编制的 FMEA 示例。

表 3-9 的 DFMEA 示例为使用 FMEA 第四版手册建议的样式编制，其中 RPN 值极限法的使用作为惯例依然列入表格，但不建议将风险顺序指数（RPN）作为评价风险的基本方法，可使用严重度与 RPN 值相结合的方式来确认是否要对失效模式采取措施。

关于 AIAG 第四版 DFMEA 的详细内容参考《潜在失效模式和后果分析》参考手册和本书系列的《产品质量先期策划（APQP）实用指南》第 4.1.1 节的内容。

表 3-10 的 DFMEA 示例为使用 2019 版 AIAG & VDA FMEA 手册中标准表格格式编制，但新版的 FMEA 不应以表格为关注点，FMEA 表格可以看作是一个 FMEA 项目的结果。DFMEA 的实施应根据七步法的方法逐步进行，使用相关工具先建立起结构树、功能树、参数图和失效网等，再填写 DFMEA 表格。严重度、频度、探测度的评级标准和措施优先级的确定方法及其他详细内容参考 AIAG 和 VDA FMEA 手册 2019 版。

3.2.5 过程流程图

组织必须使用组织规定的格式绘制过程流程图，清楚地描述生产过程的步骤和流程，同时应适当满足客户规定的需要、要求和期望（例如，满足《先期产品质量策划和控制计划》参考手册中的要求）。对于散装材料，过程流程描述文件和过程流程图等效。

如果组织对新零件的共通性已经过评审，同一份过程流程图可适用于相似零件家族的生产过程。

表 3-8 FMEA "七步法"说明

	系统分析			失效分析和风险降低			风险沟通
步骤一 规划和准备	步骤二 结构分析	步骤三 功能分析	步骤四 失效分析	步骤五 风险分析	步骤六 优化	步骤七 结果文件化	
项目确定	分析范围可视化	产品或过程功能可视化	建立失效链	为失效制订现有和/或计划的控制措施和评级	识别降低风险的措施	对降低风险的措施进行沟通	
项目规划： 目的、时间安排、团队、任务和工具（5T）	DFMEA： 结构树或其他：方块图、边界图、数字模型、实体部件 PFMEA： 结构树或其他：过程流程图	DFMEA： 功能树/网、功能矩阵、参数图（P 图） PFMEA： 功能树/网或其他：过程流程图	DFMEA： 每个产品功能的潜在失效影响、失效模式和失效起因 PFMEA： 每个过程功能的潜在失效影响、失效模式和失效起因 FMEA-MSR： 失效起因、监视、应和失效影响缓解	DFMEA 和 PFMEA： 为失效起因制订预防控制措施 为失效起因和/或失效模式准备探测控制 FMEA-MSR： 对发生频率等级分配理由 准备监视措施 为失效起因和/或失效模式准备探测措施	为措施实施分配职责和期限	建立文件的内容	
FEMA 分析中包括什么不包括什么	DFMEA： 设计接口，相互作用和间隙的识别 PFMEA： 过程步骤和子步骤的识别	DFMEA： 将相关要求与（内部和外部）客户功能关联 DFMEA & PFMEA： 将要求或特性与功能关联	DFMEA： 用参数图（P 图）或失效网来识别产品失效起因 PFMEA： 用鱼骨图（4M）或失效网来识别过程失效起因	DFMEA 和 PFMEA： 为每个失效链的严重度、频度和可探测度进行评级 FMEA-MSR： 为每个失效链的严重度、频率和监视进行评级	措施实施包括：确定措施实施后效果，采取措施后进行风险评估	措施记录包括：确定效果，采取措施后进行风险评估	
以往基准FMEA 经验教训的识别	客户和供应商工程师团队之间的合作（接口责任）	工程团队之间的合作（系统、安全和零件）	客户和供应商之间的合作（失效影响）	客户和供应商之间的合作（严重度）	FMEA 团队，管理层，客户和供应商之间的合作针对潜在失效的措施	文件的内容满足组织，预期读者和相关利益相关方的要求，细节可由相关方商定	
结构分析步骤的基础	功能分析步骤的基础	失效分析步骤的基础	FMEA 中失效文件编制和风险分析步骤的基础	产品或过程优化步骤的基础	为产品和或过程要求，预防和探测控制的细化提供基础	记录风险降到可接受水平	

表3-9 AIAG 第四版 DFMEA 示例

(设计 FMEA)

制动___系统
制动器总成子系统
产品/部件：××制动片
车型年/项目：×××车型
核心小组：白××，刘××，赵××，陈××，周×××，杨×××，张××

设计责任：研发中心
关键日期：×年×月×日

第×页，共×页
FMEA 编号：
编制人：白××（研发中心）
FMEA 日期（编制）：×年×月×日（修订）

项目功能	要求	潜在失效模式	潜在失效后果	严重度 S	分类	潜在失效要因	现行设计控制预防	发生率 O	现行设计控制探测	探测率 D	RPN	建议措施	责任及目标完成日期	措施结果 采取的措施和完成日期	S	O	D	RPN
X制动片 1.优良的耐磨性、合适的摩擦系数、热衰退性	有效制动可靠	耐磨性差	因耐磨性差，致使使用寿命降低	7	YC	材料配方设计不合理，导致性能不达标	设计手册(CP1001) 胶料配方(CL001)	5	耐磨性试验	5	175	选择类似产品的成熟材料配方，并加速试验	刘×产品工程师	于项目计划节点前提前试验，确定材料配方	7	2	3	42
		摩擦系数不合理、热衰退性能差	因摩擦系数过高造成制动过程中车轮抱死，方向失控和啃片；因摩擦系数过低则制动距离过长；因热衰退性能差，影响制动安全	10	YC	材料配方设计不合理，导致性能不达标	设计手册(CP1001) 胶料配方(CL001)	5	摩擦系数及热衰退试验	5	250	选择类似产品的成熟材料配方，并加速试验	刘×产品工程师	于项目计划节点前提前试验，确定材料配方	10	2	3	60
2.使用舒适、噪声低	安全、噪声低	制动噪声	因制动噪声，客户感觉不舒适、不满	6	YS	材料配方设计不合理，导致刹车噪声	设计手册(CP1001) 胶料配方(CL001)	5	选择类似产品的成熟材料配方	5	150	由CAE工程师进行噪声分析	陈×CAE工程师	使用CAE分析软件进行噪声分析	6	2	2	24
3.便于装配		装配尺寸设计过大	因装配尺寸设计过大，难于安装	5		产品尺寸设计不合理	设计手册(CP1001) 过往问题数据库(DS001)	3	利用计算机辅助设计，将产品与边界数据3D匹配，评审	4	60							

表3-10 AIAG & VDA 新版 DFMEA 表格示例

公司名称：×××汽车零部件有限公司
项目地点：××市工业园
客户名称：××汽车公司
车型年/平台：A111

项目：车门密封条
DFMEA 开始日期：2019.6.25
DFMEA 修订日期：/
跨功能团队：见项目组成员名单

DFMEA 编号：D-××××
设计责任：白××
保密级别：Ⅱ级

规划和准备（步骤一）

结构分析（步骤二）			功能分析（步骤三）			失效分析（步骤四）			风险分析（步骤五）					优化（步骤六）						
1.上一较高级别	2.关注要素别或特性类型	3.下一较低级别或特性类型	1.上一较高级别的功能要求及特性	2.关注要素的功能要求及特性	3.下一较低级别功能要求或特性	1.对上一较高级别要素和/或最终用户的失效影响(FE)	失效影响的严重度(S)	2.关注要素的失效模式(FM)	3.下一较低级别要素或特性的失效起因(FC)	当前失效起因的预防措施(PC)	失效起因发生的频度(O)	当前失效起因引起失效模式的探测措施(DG)	因失效模式/因失效起因的探测度(D)	DFMEA措施优先级(AP)	筛选器代码(可选)	预防措施	探测措施	负责人姓名	目标完成日期	状态（基于证据的）	采取的措施完成日期	严重度(S)	频度(O)	探测度(D)	DFMEA措施优先级(AP)	筛选器代码(可选)
车门密封条系统	车门密封条	密封条本体	密封、防水、防尘、防风噪，灰尘进入车内	车门关闭时良好的密封作用，风、雨、灰尘进不到车内	在车身侧围和车门之间形成密闭	漏雨导致车内部件或客户财物、身体淋湿甚至电器泡，漏雨导致客户车门舒适度影响大，客户行车舒适度下降	7	灌风、漏雨、灰尘进放车内	产品密封管结构设计不合理/尺寸过小	设计手册(DS1002) 过往问题数据库(DD002)	5	密封性能试验、淋雨试验	6	M		3D建模模拟异型口装配	提前制造容易口型模具，加速试验	刘×× 产品工程师	2019.08.30	尚未执行		7	3	3	L	
				车门关闭时的平稳冲击力	缓冲车门关闭时的冲击量	关门吃力大，关感觉不舒适，引发客户不满	5	CLD闭合设计概念	产品密封管结构设计不合理/尺寸过大	设计手册(DS1002) 过往问题数据库(DD002)	5	压缩负荷试验	4	M		选择类似产品加速试验的成熟配方	由CAE工程师进行压缩负荷的仿真分析	刘×× 产品工程师	2019.08.07	尚未执行		5	3	3	L	
				固定车门密封条与车门钣金匹配	固定卡扣	密封条因密封条脱落因密封条脱落导致密封失效	8	卡接尺寸过小，松动	配方设计不合理，保持力不足	设计手册(DS1002) 过往问题数据库(DD002)	3	压缩负荷试验	4	L		选择现有成熟产品	由CAE工程师进行压缩负荷的仿真分析	陈×× CAE工程师	2019.07.16	已XXCAE完成分析报告		8	2	3	L	
												淋胶力试验	4	L				刘×× 产品工程师	2019.07.10	已用XX#卡扣完成		8	2	4	L	

持续改善 / 历史 / 变更授权（适用时）

流程图是用图示的方式表达流程的方法，流程可以是信息流程、工作流程和产品流程等，如第2.4.2节生产件批准控制程序案例中的流程就是工作流程。过程流程图是将实际工作流程使用一定的图形符号表现出来的图示，它使用一些图形和符号表示过程或操作，使用箭线表示流程的方向。汽车零部件制造企业中的过程流程图一般是指零件制造过程的流程图。图3-6所示为某汽车零部件产品的制造过程流程图。

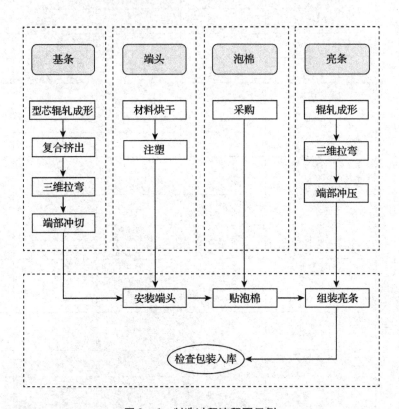

图3-6　制造过程流程图示例

汽车工业的过程流程图一般用表格的形式列出，采用流程图和文字说明的方式来表述，可以系统、直观地表达出从原材料入库到成品出库整个过程的相互关系和工作顺序。过程流程图为产品制造过程提供了一种交流和分析的工具，可用来分析从开始到结束的整个制造、装配过程中的设备、材料、方法和人员的变差源，用来强调过程变化的原因对产品的影响。过程流程图也是PFMEA和控制计划过程输入的依据，过程流程图中的过程将与PFMEA和控制计划中的过程相一致。过程流程图在编制时可使用APQP参考手册中的过程流程图检查表进行检查。表3-11为过程流程图示例。

表 3-11　过程流程图示例

QT×××××-×××

产品图号	12345-67890			产品名称	装饰板		供方名称		×××有限公司	
阶段	□ 初始　■ 生产			图样日期	××年××月××日		客户名称		×××汽车公司	
过程编号	流程图				过程名称	设备/工装/检具	产品特性	过程特性	特殊特性符号	搬运方式	备注
	加工	移动	储存	检查							
A01					材料入库存贮	熔体流动仪等	材料性能			叉车	
					搬运					周转车	
B02					烘干	干燥箱	水分	温度、时间			
B03					注塑	注塑机	外观、尺寸	温度、时间、压力	●	专用料架	
						电子称	重量(125±5)g		●		
C01					返修		外观、无飞边、毛刺			专用料架	
					检验	专用检具	外观、尺寸				
B04						燃烧测定仪	阻燃性	≤100mm/min	★		
B05					包装	包装机		包装数量			
					搬运					周转车	
A02					入库储存			储存温度、湿度		叉车	

图示说明：
　　□：加工　　○：移动　　△：储存　　◇：检查　　☆：返工/返修
特性符号：
　　★：与安全有关的特殊特性符号　　●：与安全无关的特殊特性符号

编制		审核		批准		日期	

3.2.6 过程失效模式及后果分析

过程失效模式及后果分析即 PFMEA，也叫过程 FMEA。PFMEA 以过程为导向，对潜在或实际的过程失效问题进行分析，从而进行预防或解决问题的分析技术。PPAP 手册对过程失效模式及后果分析做了以下要求：

1）组织必须进行过程失效模式及后果分析的开发，客户有要求时，必须满足客户的特殊要求。

2）同一份过程 FMEA 可适用于相似零件或材料族系的生产过程。如果组织对新零件进行评审，与原有零件具有共通性，则原有零件的过程 FMEA 是适用的。

3）对于散装材料，参见散装材料的特殊要求（第 7.1.5 节过程 FMEA）。

表 3-12 为参考 AIAG 第四版 FMEA 手册编制的过程失效模式及后果分析的示例表格。

关于 AIAG 第四版 PFMEA 的详细内容参考《潜在失效模式和后果分析》参考手册和本书系列的《产品质量先期策划（APQP）实用指南》第 5.6 章节的内容。

表 3-13 的 PFMEA 示例为使用 2019 版 AIAG 和 VDA FMEA 手册中标准表格格式编制，PFMEA 的实施也是根据七步法的方法逐步进行，使用相关工具先建立起结构树、功能树、鱼骨图、失效网等，再填写 PFMEA 表格。PFMEA 的严重度、频度、探测度的评级标准和措施优先级的确定方法及其他详细内容参考 AIAG 和 VDA FMEA 手册 2019 版。

3.2.7 控制计划

控制计划是汽车零部件制造过程控制的核心文件，它是对产品和过程的特性、控制方法、反应计划以及测量系统的全面、系统的描述。PPAP 手册对控制计划做了如下要求：

1）组织必须制订控制计划，定义用于过程控制的所有控制方法，并符合客户规定的要求。

2）如果组织经过评审，新零件与现有零件具有共通性，PPAP 可以接受相似零件的"零件家族"控制计划。

3）对于散装材料，参见散装材料的特殊要求（第 7.1.7 节控制计划）。

表 3-14 为参考《产品质量先期策划和控制计划》参考手册编制的控制计划示例。控制计划在不同的客户中可能会有不同的名称和格式，比如，日系汽车客户一般称之为"QC 工作表"，韩系汽车客户一般称之为"管理计划书"等，客户有要求时，要按客户规定的文件格式制作。

表 3-12　AIAG 第四版 PFMEA 示例

文件编号：QT×××××-×××　　　　　　　　　　　　　　　　　　　　　　　　　　　　FMEA 编号：
产品名称：×××汽车车顶装饰条　　　　　产品图号：12345-67890　　　　　　　　　　　　页码：
供方名称：×××汽车部件股份有限公司　　过程责任部门：研发中心、质量部、工艺部　　　编制人：陈×
车型年/车辆类型：××车型　　　　　　　　关键日期：2019.03.28　　　FMEA 日期（编制）：2019.02.20　（修订）：2019.04.05
核心小组：研发中心（陈×、邓××）、××车间（王××、于××）、质量部（刘××、李××）、项目部（谈××）、工艺部（刘××）

过程步骤/功能	要求	潜在失效模式	潜在失效后果	严重度 S	分类	失效的潜在要因	现行过程控制预防	现行过程控制探测	频度 O	探测率 D	RPN	建议措施	责任&目标完成日期	采取的措施和生效日期	措施结果 S	措施结果 O	措施结果 D	措施结果 RPN
5. 精裁	尺寸\外观符合要求	5.1 产品端面不整齐	端部注塑不牢、外观不良	8	A	剪刀裁断，精度不易控制	操作者定期培训	操作者目测自检	3	7	168	制作专用精切设备	研发中心/陈× 19.5.20	制作专用精切设备	8	1	7	56
		5.2 长度偏长	产品装配困难或无法安装	5		产品柔性弯曲，测量公差大	定长制板比对裁条	100%长度测量	3	7	105	制作专用精切设备，制作环境检具	研发中心/陈× 19.5.20	制作专用精切设备，制作环境检具	5	1	6	30
		5.3 长度偏短		5		产品柔性弯曲，测量公差大	定长制板比对裁条	100%长度测量	3	7	105	制作专用精切设备，制作环境检具	研发中心/陈× 19.5.20	制作专用精切设备，制作环境检具	5	1	6	30
6. 注塑		6.1 产品缺料	产品安装不到位	8	A	注射压力低；注射温度低；注射时间短；填胶量不够	工艺员按照作业文件设定设计工艺参数，并监控	首件确认后，外观全数检测	3	5	120	使用试验设计确定的工艺参数	工艺部/刘×× 2019.6.30	使用试验设计确定的工艺参数	8	1	5	40
		6.2 产品内侧和外侧过料	影响产品外观质量	6		模具磨损或损坏	履行工装模具的维护保养程序	首件确认后，外观全数检测	3	5	90	每3万模重新对模具进行研配与测量	模具工程师	每3万模重新对模具进行研配与测量	6	2	5	60
		6.3 产品表面有杂质	影响产品外观质量	6		注塑射料口未清理干净；料箱有杂料	履行工装模具的维护保养程序和设备维护保养程序	首件确认后，外观全数检测	1	8	48	无						

表 3-13 AIAG & VDA 新版 PFMEA 表格示例

规划和准备（步骤一）

公司名称：×××汽车零部件有限公司
工厂地址：××市工业园
顾客名称：××汽车公司
车型年/平台：A111

项目名称：空调通风管 12345-67890
PFMEA 开始日期：2019.6.15
PFMEA 修订日期：
跨职能团队：见项目组成员名单

PFMEA ID 编号：P-×××
过程职责：张××
保密级别：Ⅱ级

持续改善	结构分析（步骤二）			功能分析（步骤三）			失效分析（步骤四）			风险评估（步骤五）					改进措施（步骤六）						
历史/变更授权（适用时）	1.过程项 过程系统、子系统、零件要素或过程名称	2.过程步骤 工位号和关注要素名称	3.过程工作要素 4M类别	1.过程项功能	2.过程步骤的功能和产品特性	3.过程工作要素的功能和过程特性	1.对上一级高级别要素和或或终用户的失效影响(FE)	2.过程步骤的失效模式(FM)	3.过程工作要素的失效起因(FC)	严重度(S)	现行对失效起因的预防控制(PC)	失效起因发生频度(O)	现行对失效起因或失效模式的探测控制(DC)	探测度(D)	PFMEA优先级(AP)	筛选器代码特性（可选）	预防措施	探测措施	负责人姓名	目标完成时间	状态 采取基于证据完成的措施	完成时间	严重度(S)	频度(O)	探测度(D)	PFMEA AP	特殊特性备注
	吹塑生产吹3A塑空调通风管	操作者：2.PTBI20吹塑机3.成型	1.操作者 2.PTBI20吹塑机 3.材料 4.环境	将塑料经挤出模具成吹塑成风管	工厂：将塑料吹塑成空调风管；整车厂：风管安装在空表在位；最终用户：空调通风	操作者：培训合格上岗；1.位置、模具；2.PTBI20吹塑机：吹气压力、保压压力、冷却时间、模具；3.材料：HDPE 4.环境：清洁无污染	工厂：产品部分产品无法安装；整车厂：风管不畅；最终用户：空调通风不畅	变形	冷却时间短；保压压力低	7	工艺师按作业文件规定设备参数，并监控	5	首件、中件、末件专检人员确认；操作员首件全数目测	6	M		使用试验设计确认工艺参数	使用试验设计专用检具，确定工艺参数	张×× 刘××	20190713	已完成 参数范围，已制作工艺卡片，检具，检具指导书	20190713	7	1	4	L	
							工厂：产品尺寸不合格；整车厂：产品难安装；最终用户：风管不畅	尺寸超出规范	料筒温度高；吹气压力低、高模具、保压压力低、压制时间短	7	工艺师按作业文件规定设备参数，并监控	5	首件、中件、末件专检人员确认；操作员首件全数目测	6	M		使用试验设计确认工艺参数	已确认工艺参数，已完成制作工艺卡片，检具，检具指导书	张×× 刘××	20190713		20190713	7	1	4	L	
							工厂：产品尺寸不合格；整车厂：可能会有干涉；最终用户：无	尺寸偏大	模具磨损	5	按周期维护保养更新对模具进行模具保养；每5万模重新对模具进行配对与测量	3	每班首件切检验，检验员确认；操作员检查全数	6	L												
							工厂：变形；整车厂：膨厚处易变形；最终用户：无	壁厚不均	挤出料至定位特件位置差距大	4	使用300点膨厚控制器控制膨厚	2	每班首件切检验，操作员确认；操作员检查全数	6	L												
							工厂：脏脏；整车厂：停线、报废；最终用户：漏风	缺料	混入杂质、形成窝洞	8	目视现场5S	6	操作员全数目测	6	H		管理者每班检查频次，每新车后清理，模具器管控	对现场5S管理纳入绩效管理，管理者审察；每班后清理模机角，模具及型	陈×× 张××	20190630	已完成	20190630	8	1	6	L	

表3-14 控制计划示例

控制计划

□样件 □试生产 ☑生产											文件编号：QT×××××-×××	
控制计划编号：			主要联系人/电话：陈××/135××××××××								编制日期：2019.03.15	修订日期：
零件编号/最新更改等级：12345-67890-B1			核心小组：本项目组成员，见项目小组成员名单								客户工程批准/日期（如需要）	
零件名称/描述：×××车门密封胶条			供方批准/日期								客户质量批准/日期（如需要）	
供方/工厂：××××汽车部件有限公司		供方代码：0123	其他批准/日期（如需要）								其他批准/日期（如需要）	

过程编号	过程名称/操作描述	机器、装置、夹具工装	特性			特殊特性分类	产品/过程规范/公差	方法				反应计划
			编号	产品	过程			评价/测量技术	样本		控制方法	
									容量	频率		
110	复合挤出	¢90挤出机 XJ-02 挤出模具 JC-128#			机头温度	▲	(55±5)℃	温控表：0~100℃/0.1℃	1	1次/2h	设备参数监控记录	调整工艺参数，并检查
					1区温度	▲	(45±5)℃	温控表：0~100℃/0.1℃	1	1次/2h	设备参数监控记录	调整工艺参数，并检查
					2区温度	▲	(45±5)℃	温控表：0~100℃/0.1℃	1	1次/2h	设备参数监控记录	调整工艺参数，并检查
					3区温度	▲	(45±5)℃	温控表：0~100℃/0.1℃	1	1次/2h	设备参数监控记录	调整工艺参数，并检查
					4区温度	▲	(45±5)℃	温控表：0~100℃/0.1℃	1	1次/2h	设备参数监控记录	调整工艺参数，并检查
120	硫化	硫化箱LH3-1~LH3-5	5		温度	S	(240±20)℃	目测	3件	1次/2h	计算机控制	隔离/标识/调整设备
130	永久标识	激光打码机 JG3-12		外观	激光打码		0123-图号/版本号-日期->EPDM<	目测	100%	连续	检验记录	隔离/标识查找原因
		投影仪	12	断面尺寸		▲	公差带范围内	投影仪检测十倍放大图	3件	1次/30min	专检员投影投影记录	隔离/标识/停机查找原因

关于控制计划的详细内容参考《产品质量先期策划和控制计划》参考手册和本系列丛书中的《产品质量先期策划（APQP）实用指南》第4.1.5、5.7和6.8章节的内容。

3.2.8 测量系统分析研究

测量系统是指对某具体事物的特性进行测量并获得测量结果的整个过程，是用来对被测量特性进行定量或定性评价的人员、设备、量具、标准、操作、方法、软件、环境及假设的集合。利用统计学的方法评价和判断测量系统是否具有合适的分辨力和足够小的系统误差就是测量系统分析。

测量系统可分为"计数型"与"计量型"两类。测量后能给出具体测量数值的为计量型测量系统；只能定性给出测量结果（如 OK/NG、通/止）的为计数型测量系统。

计量型测量系统分析通常包括偏倚（Bias）、稳定性（Stability）、线性（Linearity）以及重复性和再现性（Repeatability&Reproducibility，简称R&R），即通常所说的五性分析。计数型测量系统分析通常使用假设试验分析和信号检查方法。

计数型测量系统分析不能量化测量系统变差，风险相对较大，PPAP 一般要求提交计量型测量系统分析结果，若存在过程难于实现或被测量特性的特殊性等情况，应在客户同意的条件下使用。

计量型测量系统的偏倚、线性、稳定性主要取决于测量设备本身，重复性和再现性不仅与测量设备有关，而且与操作者及零件本身的差异有关。因此对于大多数汽车零部件来说，一般提交量具重复性和再现性即 Gage R&R 的研究结果，来满足 PPAP 对测量系统分析研究结果的要求。

PPAP 手册对测量系统分析研究的要求如下：

1）组织必须对所有新的或改进后的量具、测量和试验设备进行测量系统分析研究，如：量具的重复性与再现性、偏移、线性和稳定性研究。

2）量具重复性与再现性的接收准则的定义参考《测量系统分析》参考手册。

3）对于散装材料，测量系统分析可以不适用，但要获得客户同意。参见散装材料的特殊要求第7.1.8节测量系统分析（MSA）研究。

测量系统分析多应用 EXCEL、MINITAB、JUMP 软件进行分析。以下分别列举了计量型测量系统分析和计数型测量系统分析的两个例子。

1. 计量型测量系统分析之双性分析

双性分析，即重复性和再现性分析，是计量型测量系统分析常用的典型分析方法。图

3-7、图3-8为使用 MINITAB 软件运用方差法进行测量系统分析 R&R 的一个例子，表3-15 为该例的数据表。

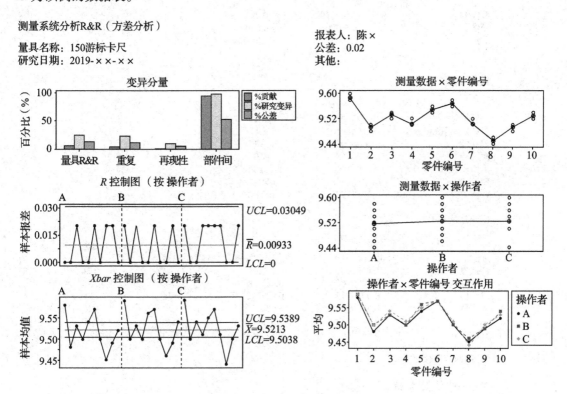

图 3-7　测量系统分析 R&R 图

量具 R&R 研究-方差分析法

测量数据的量具 R&R

量具名称：　150游标卡尺
研究日期：　2019-××-××
报表人：　　陈×
公差：　　　0.02
其他：

包含交互作用的双因子方差分析表

来源	自由度	SS	MS	F	P
零件编号	9	0.0898933	0.0099881	116.241	0.000
操作者	2	0.0008533	0.0004267	4.966	0.019
零件编号×操作者	18	0.0015467	0.0000859	0.921	0.563
重复性	30	0.0028000	0.0000933		
合计	59	0.0950933			

删除交互作用项选定的 Alpha=0.25

图 3-8　测量系统分析 R&R 数据

不包含交互作用的双因子方差分析表

来源	自由度	SS	MS	F	P
零件编号	9	0.0898933	0.0099881	110.299	0.000
操作者	2	0.0008533	0.0004267	4.712	0.014
重复性	48	0.0043467	0.0000906		
合计	59	0.0950933			

量具 R&R

来源	方差分量	方差分量贡献率
合计量具 R&R	0.0001074	6.11
重复性	0.0000906	5.15
再现性	0.0000168	0.96
操作者	0.0000168	0.96
部件间	0.0016496	93.89
合计变异	0.0017570	100.00

过程公差=0.4

来源	标准差（SD）	研究变异（5.15×SD）	%研究变异（%SV）	%公差（SV/Toler）
合计量具 R&R	0.0103615	0.053362	24.72	13.34
重复性	0.0095161	0.049008	22.70	12.25
再现性	0.0040995	0.021112	9.78	5.28
操作者	0.0040995	0.021112	9.78	5.28
部件间	0.0406153	0.209169	96.90	52.29
合计变异	0.0419161	0.215868	100.00	53.97

可区分的类别数=5

测量数据的量具 R&R

图 3-8 测量系统分析 R&R 数据（续）

表 3-15 重复性与再现性分析数据表

表格编号：QR×××××× - ×××

量具名称：	游标卡尺			零件编号：	12345-67890		零件名称：ABC-36			
量具编号：	12345			测量参数：			测量日期：2019-××-××			
量具量程：	0~150mm			零件规格：9.5±0.2			测量人员：张××(A) 李××(B) 陈××(C)			

评价人数	3	零件编号					零件个数：10				平均值
试验次数	2	1	2	3	4	5	6	7	8	9	10	
1. A	1	9.580	9.480	9.520	9.500	9.540	9.580	9.500	9.460	9.480	9.520	9.5160
2.	2	9.600	9.500	9.540	9.500	9.560	9.560	9.500	9.460	9.500	9.540	9.5260
3.	3											
4. 均值		9.590	9.490	9.530	9.500	9.550	9.570	9.500	9.460	9.490	9.530	$\bar{X}_A = 9.5210$
5. 极差		0.020	0.020	0.020	0.000	0.020	0.020	0.000	0.000	0.020	0.020	$\bar{R}_A = 0.0140$
6. B	1	9.580	9.500	9.540	9.520	9.540	9.580	9.520	9.440	9.500	9.540	9.5260

(续)

量具名称：游标卡尺		零件编号：12345-67890			零件名称：ABC-36					
量具编号：12345		测量参数：			测量日期：2019-××-××					
量具量程：0~150mm		零件规格：9.5±0.2			测量人员：张××(A) 李××(B) 陈××(C)					
评价人数	3	零件编号					零件个数：10			平均值
试验次数	2	1	2	3	4	5	6	7	8	9	10	

序号			1	2	3	4	5	6	7	8	9	10	平均值
7.		2	9.580	9.480	9.540	9.500	9.540	9.560	9.500	9.440	9.500	9.520	9.5160
8.		3											
9.	均值		9.580	9.490	9.540	9.510	9.540	9.570	9.510	9.440	9.500	9.530	$\bar{X}_B = 9.5210$
10.	极差		0.000	0.020	0.000	0.020	0.000	0.020	0.020	0.000	0.000	0.020	$\bar{R}_B = 0.0100$
11.	C	1	9.580	9.500	9.520	9.500	9.560	9.580	9.500	9.460	9.480	9.540	9.5220
12.		2	9.600	9.500	9.540	9.500	9.560	9.560	9.500	9.440	9.500	9.520	9.5220
13.		3											
14.	均值		9.590	9.500	9.530	9.500	9.560	9.570	9.500	9.450	9.490	9.530	$\bar{X}_C = 9.5220$
15.	极差		0.020	0.000	0.020	0.000	0.000	0.020	0.000	0.020	0.020	0.020	$\bar{R}_C = 0.0120$
零件均值 $\bar{X}_P$			9.587	9.493	9.533	9.503	9.550	9.570	9.503	9.450	9.493	9.530	$\bar{X} = 9.5213$ $\bar{X}_P = 0.1367$

重复性和再现性分析结果的判定准则可参考以下：

（1）数据的判定

1）%GRR≤10%，接受。

2）10%≤%GRR≤30%，根据测量系统的重要性、测量装置的成本和维修费用等，确定是否可接受或分析原因，确定改进措施，以得到客户认可。

3）%GRR>30%，不可接受。

4）ndc≥5。

（2）图表（均值极差图）的判定

1）极差图无控制点超出控制限外。

2）均值图有大约一半或一半以上的控制点落在控制限外。

2. 计数型测量系统分析之属性一致性分析

属性一致性分析也即 Kappa 分析，是计数型测量系统分析常用的方法。图 3-9、图 3-10 为使用 MINITAB 软件进行测量系统分析属性一致性分析的一个例子，表 3-16 为该例的数据表。

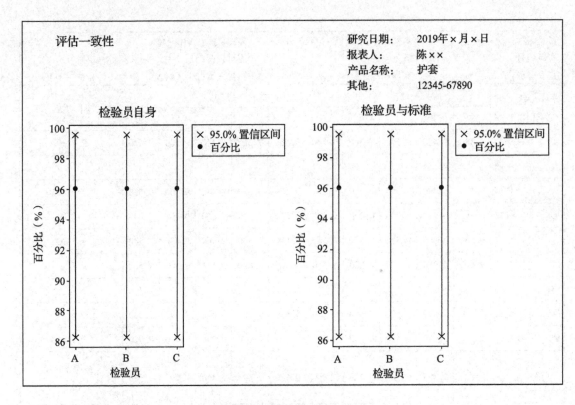

图3-9 属性一致性分析图

测量数据 的属性一致性分析

研究日期：2019年×月×日
报表人： 陈××
产品名称：护套
其他： 12345-67890

检验员自身

评估一致性

检验员	#检验数	#相符数	百分比	95%置信区间
A	50	48	96.00	(86.29, 99.51)
B	50	48	96.00	(86.29, 99.51)
C	50	48	96.00	(86.29, 99.51)

#相符数：检验员在多个试验之间，他/她自身标准一致。

Fleiss Kappa 统计量

检验员	响应	Kappa	Kappa 标准误	Z	P（与>0）
A	NG	0.935678	0.0816497	11.4597	0.0000
	OK	0.935678	0.0816497	11.4597	0.0000
B	NG	0.935678	0.0816497	11.4597	0.0000
	OK	0.935678	0.0816497	11.4597	0.0000
C	NG	0.935678	0.0816497	11.4597	0.0000
	OK	0.935678	0.0816497	11.4597	0.0000

图3-10 属性一致性分析数据

每个检验员与标准

评估一致性

检验员	#检验数	#相符数	百分比	95%置信区间
A	50	48	96.00	(86.29, 99.51)
B	50	48	96.00	(86.29, 99.51)
C	50	48	96.00	(86.29, 99.51)

#相符数：检验员在多次试验中的评估与已知标准一致

评估不一致

检验员	# OK /NG	百分比	# NG /OK	百分比	# Mixed	百分比
A	0	0.00	0	0.00	2	4.00
B	0	0.00	0	0.00	2	4.00
C	0	0.00	0	0.00	2	4.00

OK / NG：多个试验中误将标准＝NG者一致评估为＝OK的次数
NG / OK：多个试验中误将标准＝OK者一致评估为＝NG的次数
Mixed：多个试验中所有的评估与标准不相同者

Fleiss Kappa 统计量

检验员	响应	Kappa	Kappa 标准误	Z	P（与>0)
A	NG	0.967622	0.0816497	11.8509	0.0000
	OK	0.967622	0.0816497	11.8509	0.0000
B	NG	0.967622	0.0816497	11.8509	0.0000
	OK	0.967622	0.0816497	11.8509	0.0000
C	NG	0.967622	0.0816497	11.8509	0.0000

检验员之间

评估一致性

#检验数	#相符数	百分比	95%置信区间
50	44	88.00	(75.69, 95.47)

#相符数：所有检验员的评估一致。

Fleiss Kappa 统计量

响应	Kappa	Kappa 标准误	Z	P（与>0)
NG	0.935678	0.0235702	39.6974	0.0000
OK	0.935678	0.0235702	39.6974	0.0000

所有检验员与标准

评估一致性

#检验数	#相符数	百分比	95%置信区间
50	44	88.00	(75.69, 95.47)

#相符数：所有检验员的评估与已知的标准一致。

Fleiss Kappa 统计量

响应	Kappa	Kappa 标准误	Z	P（与>0)
NG	0.967622	0.0471405	20.5264	0.0000
OK	0.967622	0.0471405	20.5264	0.0000

属性一致性分析

图 3-10 属性一致性分析数据（续）

表 3-16 属性一致性分析数据表

测量仪器名称	专用检具									样品/名称	护套
测量仪器编号	SL-001									样品/图号	12345-67890
操作者	A：张××、B：许××、C：陈××									记录/日期	20××.×.××

零件	A			B			C			基准
	1	2	3	1	2	3	1	2	3	
1	OK	OK	OK	OK	OK	OK	OK	OK	OK	OK
2	OK	OK	OK	OK	OK	OK	OK	OK	OK	OK
3	NG	NG	NG	NG	NG	NG	NG	NG	NG	NG
4	NG	NG	NG	NG	NG	NG	NG	NG	NG	NG
5	NG	NG	NG	NG	NG	NG	NG	NG	NG	NG
6	OK	OK	OK	OK	OK	OK	OK	OK	OK	OK
7	OK	OK	OK	OK	OK	OK	OK	OK	OK	OK
8	OK	OK	OK	OK	OK	OK	OK	OK	OK	OK
9	NG	NG	NG	NG	NG	NG	NG	NG	NG	NG
10	OK	OK	OK	OK	OK	OK	OK	OK	OK	OK
11	OK	OK	OK	OK	OK	OK	OK	OK	OK	OK
12	NG	NG	NG	NG	NG	NG	NG	NG	NG	NG

(续)

测量仪器名称	专用检具						样品/名称		护套	
测量仪器编号	SL-001						样品/图号		12345-67890	
操 作 者	A：张××、B：许××、C：陈××						记录/日期		20××.×.××	
零件	A			B			C			基准
	1	2	3	1	2	3	1	2	3	
13	OK	OK	OK	OK	OK	OK	OK	OK	OK	OK
14	OK	OK	OK	NG	OK	OK	OK	OK	OK	OK
15	OK	OK	OK	OK	OK	OK	OK	OK	OK	OK
16	OK	OK	OK	OK	OK	OK	OK	OK	OK	OK
17	OK	OK	OK	OK	OK	OK	OK	OK	OK	OK
18	OK	OK	OK	OK	OK	OK	OK	OK	OK	OK
19	OK	OK	OK	OK	OK	OK	OK	OK	OK	OK
20	OK	OK	OK	OK	OK	OK	OK	OK	OK	OK
21	OK	OK	OK	OK	OK	NG	OK	OK	OK	OK
22	NG	OK	OK	OK	OK	OK	OK	OK	OK	OK
23	OK	OK	OK	OK	OK	OK	OK	OK	OK	OK
24	OK	OK	OK	OK	OK	OK	OK	OK	OK	OK
25	NG	NG	NG	NG	NG	NG	NG	NG	NG	NG
26	OK	OK	OK	OK	OK	OK	OK	OK	OK	OK
27	OK	OK	OK	OK	OK	OK	OK	OK	OK	OK
28	OK	OK	OK	OK	OK	OK	OK	OK	OK	OK
29	OK	OK	OK	OK	OK	OK	OK	OK	OK	OK
30	OK	OK	NG	OK	OK	OK	OK	OK	OK	OK
31	OK	OK	OK	OK	OK	OK	OK	OK	OK	OK
32	OK	OK	OK	OK	OK	OK	OK	OK	OK	OK
33	OK	OK	OK	OK	OK	OK	OK	OK	OK	OK
34	OK	OK	OK	OK	OK	OK	OK	NG	OK	OK
35	OK	OK	OK	OK	OK	OK	OK	OK	OK	OK
36	NG	NG	NG	NG	NG	NG	NG	NG	NG	NG
37	NG	NG	NG	NG	NG	NG	NG	NG	NG	NG
38	OK	OK	OK	OK	OK	OK	OK	OK	OK	OK
39	NG	NG	NG	NG	NG	NG	NG	NG	NG	NG
40	OK	OK	OK	OK	OK	OK	OK	OK	OK	OK
41	OK	OK	OK	OK	OK	OK	OK	OK	OK	OK
42	NG	NG	NG	NG	NG	NG	NG	NG	NG	NG
43	NG	NG	NG	NG	NG	NG	NG	NG	NG	NG
44	OK	OK	OK	OK	OK	OK	OK	OK	OK	OK
45	NG	NG	NG	NG	NG	NG	NG	NG	NG	NG
46	OK	OK	OK	OK	OK	OK	OK	OK	OK	OK
47	OK	OK	OK	OK	OK	OK	OK	OK	OK	OK
48	NG	NG	NG	NG	NG	NG	NG	NG	NG	NG
49	OK	OK	OK	OK	OK	OK	OK	OK	OK	OK
50	NG	NG	NG	NG	NG	NG	NG	NG	NG	NG

注："OK"为合格；"NG"为不合格。

属性一致性分析的通用判定准则为：Kappa＞0.75 表示一致性好（Kappa 最大为 1）；Kappa＜0.4 表示一致性差。测量系统的有效性评价准则见表 3-17。

表 3-17　属性一致性分析有效性评价准则

决定测量系统	有效性	错误率	错误警报率
评价人可接受的条件	≥90%	≤2%	≤5%
评价人可接受的条件 – 可能需要改进	≥80%	≤5%	≤10%
评价人不可接受的条件 – 需要改进	＜80%	＞5%	＞10%

测量系统分析所用的控制图常数参考附录 C 控制图常数和公式。关于测量系统分析研究的详细内容参考《测量系统分析》参考手册以及本书同系列的《产品质量先期策划（APQP）实用指南》第 5.9 和 6.2 章节的内容。

3.2.9　全尺寸测量结果

全尺寸测量即对设计记录标注的所有尺寸进行测量。PPAP 要求组织必须对设计记录和控制计划中注明的所有尺寸（参考尺寸除外）、特性和规格等项目进行测量，并记录实际测量结果。组织必须按设计记录和控制计划的要求，提供尺寸已经验证完成的证据，且测量结果要符合规定的要求。对于来自每个独立加工的过程，如来自每个生产单元或每条生产线，所有的多模腔、成型模、模型或冲模的零件，组织都必须进行全尺寸测量评价，即测量结果必须包含来自于每一处的零件。

在全尺寸测量结果中，组织必须标明设计记录的日期、变更版本，以及任何尚未包括在设计记录中，但已经过授权而且纳入生产的工程变更文件。组织必须在所有辅助文件（例如：补充的全尺寸结果表、草图、扫描图、剖面图、CMM 检查点结果、几何尺寸和公差表，或其他与零件图相关的辅助图面）上记录变更的版本、绘图日期、组织名称和零件编号。根据 PPAP 保存/提交证据的要求，这些辅助材料的副本也必须与全尺寸测量结果一起提交。需要使用光学比较仪进行检验时，扫描图也必须提交。

通过全尺寸测量检验，组织必须在被测合格的零件中确定一个为标准样件。

全尺寸测量结果的表格可以使用 PPAP 手册中提供的"生产件批准 – 尺寸检测结果"表格（表 3-18）。可为此使用图形、几何尺寸和公差表，或在零件图（包括截面图、扫描图或草图）上清楚书写结果的表格。图 3-11 为 CMM 检测的结果图示例。

对于散装材料，通常全尺寸测量结果不适用。

表 3-18 生产件批准-尺寸检测结果

组织： 供方/供货商代码： 测量设备：					零件编号： 零件名称： 设计记录变更等级： 工程变更文件：		
项目	尺寸/规范	规范/界限	测量日期	测量数量	组织测量结果（数据）	合格	不合格

测量结果不可笼统表示为"符合"。

签字　　　职务　　　日期

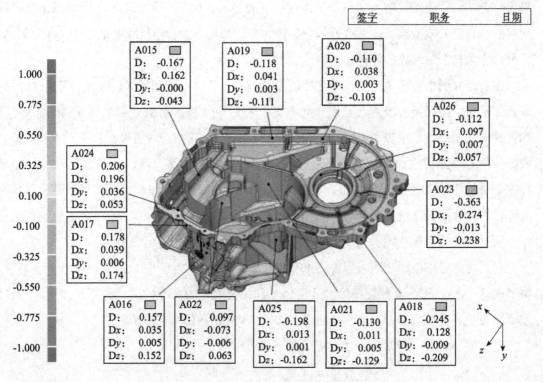

图 3-11　CMM 检测结果图示例

3.2.10 材料、性能试验结果记录

组织在提交 PPAP 之前，必须按计划完成材料和性能试验，且全部试验合格。PPAP 要求，设计记录或控制计划中规定的材料和性能试验，组织必须要有试验结果记录。

1. 材料试验结果

材料试验的目的是确认所使用的材料是否符合要求。当设计记录或控制计划中规定有化学、物理或金相等材料试验的要求时，组织必须对所有这些零件和产品材料进行试验。

材料试验结果必须说明和包括以下内容：
1）试验零件的设计变更等级。
2）任何尚未纳入设计记录，但经过授权的工程变更文件。
3）试验零件的材料规范编号、发布日期和变更等级。
4）进行试验的日期。
5）试验零件的数量。
6）实际试验结果。
7）材料供方的名称，当客户要求时，注明客户指定的供方/供货商的代码。

材料试验结果可记录在任何适当的表格中，可参考 PPAP 提供的"生产件批准—材料试验结果"表格（表3-19）。

表3-19 生产件批准—材料试验结果

组织名称： 供方/供货商代码： 材料供方： *客户规定的供方/供货商代码： *如果来源有批准要求，需填写供方（来源）和客户指定的代码。				零件编号： 零件名称： 设计记录变更等级： 工程变更文件： 实验室名称：		
材料规范编号 /评审/日期	材料规范/ 界限	试验日期	试验数量	供方试验结果（数据）	合格	不合格
				试验结果不可笼统表示为"符合"。		
				签字　　　　职务　　　　日期		

对于客户开发的材料规范并有客户批准的供方名单的产品,组织必须从该批准的名单上选择供应方,并从所选供方处采购材料和/或服务(如涂装、电镀、热处理和焊接等)。

2. 性能试验结果

性能试验是对产品的各项性能和功能指标进行测试或验证。功能是指产品的作用或效能,而性能是指达到预期功能的能力。当产品的设计记录或控制计划中有性能或功能要求时,组织必须对所有这些零件或产品材料进行试验,确保性能或功能满足要求。

性能试验结果必须说明和包括以下内容:

1) 试验零件的设计记录变更等级。
2) 任何尚未纳入设计记录,但经过授权的工程变更文件。
3) 试验零件的工程规范编号、发布日期和变更等级。
4) 进行试验的日期。
5) 试验零件的数量。
6) 实际试验结果。

性能试验结果可记录在任一适当的表格中,也可参考 PPAP 提供的"生产件批准 – 性能试验结果"表格(表 3 – 20)。当客户有第三方试验室要求时,组织必须在客户认可的实验室进行试验。

表 3 – 20 生产件批准 – 性能试验结果

组织名称: 供方/供货商代码: 实验室名称: *客户规定的供方/供货商代码: *如果来源有批准要求,需填写供方(来源)和客户指定的代码。				零件编号: 零件名称: 设计记录变更等级: 工程变更文件:			
试验规范编号/评审/日期	性能规范/界限	试验日期	试验数量	供方试验结果(数据)/试验条件	合格	不合格

试验结果不可笼统表示为"符合"。

签字   职务   日期

3.2.11 初始过程研究

1. 总则

初始过程研究，即研究正式生产初期产品制造过程的质量保证能力，确定该过程是否有能力满足客户的需要或已经满足了客户的需要。在 PPAP 提交前，由客户或组织指定的所有特殊特性，必须确定其初始过程能力或性能的水平是可接受的。组织必须在 PPAP 提交前获得客户对估算的初始过程能力指数的同意。

在进行初始过程研究前，组织必须进行测量系统分析，以了解测量的误差如何影响用于过程研究的测量值。

当特殊特性没有被确定时，客户有权要求供应商保证其他特性的初始过程能力。

初始过程研究的目的是为了确定生产过程是否能生产出满足客户要求的产品。

初始过程研究关注的重点是计量型数据而不是计数型数据（例如，装配错误、试验失败、表面缺陷等）。虽然计数型数据很重要，但不包括在 PPAP 手册的初始研究中。用计数型数据对特性实施监测，需要相当长的时间收集更多的数据。计数型数据不适用于 PPAP 提交，除非有经授权的客户代表批准。

初始过程研究要求计算能力指数 C_{pk} 和性能指数 P_{pk}。对于某些过程和产品，若经授权的客户代表事先批准，也可以使用其他更适用的方法替代。

初始过程研究是短期的，且预测不出时间以及人员、材料、方法、设备、测量系统和环境所引起的变差的影响。尽管这是短期的研究，但在有序的生产中绘制控制图时，收集和分析数据仍是十分重要的。

对于能够使用 Xbar-R 图研究的特性，短期过程研究的数据应该基于有效的生产，在连续生产的零件中取 25 组数据，包含至少 100 个读数。

若客户同意，可以使用类似过程的长期历史数据来代替初始过程研究的数据要求。对于特定的过程，若经授权的客户代表事前批准，可使用其他分析工具来替代，如单值移动极差图等。

2. 质量指数

初始过程研究的质量指数包括能力指数和性能指数。如果适用，应该使用能力或性能指数对初始过程研究进行总结。

初始过程研究结果取决于研究的目的、获得数据的方法、统计控制的解释方法等。为更好地理解稳定和过程测量（指数）的统计基本原理，可参阅《统计过程控制》参考手册。各项指标的具体要求，可与经授权的客户代表进行联系。

C_{pk}是考虑子组内变差的过程能力指数，不包含子组间变差的影响。如果所有子组间的变差都消除了，C_{pk}才会反映该过程是否有能力。因此，单单使用C_{pk}不能全面反映过程性能。C_{pk}计算方法如下：

$$C_{pk} = \min(CPU, CPL)$$

$$CPU = \frac{USL - \bar{\bar{X}}}{3\sigma_c} = \frac{USL - \bar{\bar{X}}}{3(\bar{R}/d_2)}$$

$$CPL = \frac{\bar{\bar{X}} - LSL}{3\sigma_c} = \frac{\bar{\bar{X}} - LSL}{3(\bar{R}/d_2)}$$

$$\sigma_c = \bar{R}/d_2$$

式中　C_{pk}——过程能力指数；

　　　CPU——上限的能力指数；

　　　CPL——下限的能力指数；

　　　USL——工程规范上限；

　　　LSL——工程规范下限；

　　　σ_c——考虑子组内变差的估计值；

　　　d_2——估计标准差用的除数（常数）；

　　　$\bar{R}$——子组极差（全距）的均值。

P_{pk}是基于整个过程数据变差的性能指数。与C_{pk}不同的是，P_{pk}不仅仅考虑了子组内变差，也考虑了子组间的变差，但是P_{pk}不能把组内变差和组间变差分离开来。P_{pk}计算方法如下：

$$P_{pk} = \min(PPU, PPL)$$

$$PPU = \frac{USL - \bar{\bar{X}}}{3\sigma_p} = \frac{USL - \bar{\bar{X}}}{3S}$$

$$PPL = \frac{\bar{\bar{X}} - LSL}{3\sigma_p} = \frac{\bar{\bar{X}} - LSL}{3S}$$

$$\sigma_p = S$$

式中　P_{pk}——性能指数；

　　　PPU——上限的性能指数；

　　　PPL——下限的性能指数；

　　　USL——工程规范上限；

　　　LSL——工程规范下限；

　　　σ_p、S——所有样本数据的标准差（总变差）。

C_{pk} 与 P_{pk} 也可以使用 k 系数方式计算，这种方法仅适用于双边公差的特性，单边公差无法计算。k 系数也即是平均值的偏离度，通常也用 C_a（准确度）来表示，即 CL（中心值）与平均值 $\bar{X}$ 的偏离程度，如图 3-12 所示。当 C_a 越小时，表示 $\bar{X}$ 与中心值 CL 越接近，最理想状况是 C_a 为零，此时 $C_p = C_{pk}$ 或 $P_p = P_{pk}$。

C_p 或 P_p 反应的是过程的精确度。C_p 或 P_p 越大，表示过程越稳定，分布越集中，过程的精确度越高，如图 3-13 所示。

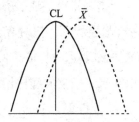

图 3-12　CL 与 $\bar{X}$ 偏离程度示意图

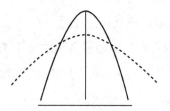

图 3-13　数据分布示意图

计算公式如下：

(1) C_{pk}

$$C_{pk} = C_p(1 - C_a) \text{ 或 } C_{pk} = C_p(1 - k)$$

$$C_p = \frac{USL - LSL}{6\sigma_C} = \frac{USL - LSL}{6(\bar{R}/d_2)}$$

$$C_a = |CL - \bar{X}|/(T/2)$$

式中　C_p——能力指数，为精确度；C_p 不受过程位置影响，它把过程能力与由公差表示的最大可允许的变差进行比较；

C_a——准确度，平均值的偏离值；

T——规格公差，$T = USL - LSL$；

CL——规格中心值，$CL = (USL + LSL)/2$。

(2) P_{pk}

$$P_{pk} = P_p(1 - C_a) \text{ 或 } P_{pk} = P_p(1 - k)$$

$$P_p = \frac{USL - LSL}{6\sigma_P} = \frac{USL - LSL}{6s}$$

$$C_a = |CL - \bar{X}|/(T/2)$$

式中　P_p——性能指数，为精确度；P_p 不受过程位置的影响，它把过程性能与由公差表示的最大可允许变差进行比较；

C_a——准确度，平均值的偏离值；

T——规格公差，$T = USL - LSL$；

CL——规格中心值，$CL = (USL + LSL)/2$。

注：C_a 仅适用于双边规格，单边规格无法计算 C_a。

在计算同一组数据时，可把 C_{pk} 和 P_{pk} 作比较来分析产生过程变差的原因。较低的 C_{pk} 可能是子组内变差有问题，即过程处于统计受控状态下由于普通原因产生的变差的影响。较低的 P_{pk} 可能是总变差有问题，即过程处于不受控状态下由于特殊原因和普通原因产生变差的影响。

初始过程研究不仅是为了得到一个精确的指数值，而是为了更好地了解过程变差。可用合适的历史数据或足够的初始数据（至少 100 个）来绘制控制图。当过程稳定时，可计算 C_{pk}；当过程存在已知的可判断的特殊原因，且输出满足规范要求时，应该使用 P_{pk}。若没有足够的可用数据（<100 个）或变差原因未知时，可以联系经授权的客户代表，以开发适当的研究计划。

对于包含多个过程流的初始过程研究，可能会要求用其他适当的统计方法。

对于散装材料，如果客户要求，组织应该得到客户的同意，采用适当的技术对初始过程进行研究，并对过程能力作出有效的评估。

3. 初始过程研究的接受准则

初始过程研究满足接受准则，是获得客户 PPAP 批准的大量要求中的一项。若过程稳定，组织在评估初始过程研究结果时，必须采用表 3-21 所示的接受准则。

表 3-21 初始过程研究接受准则

结果	说明
指数值 >1.67	该过程目前能满足接受准则
1.33≤指数值≤1.67	该过程目前可被接受，但是可能会被要求进行一些改进。请联系经授权的客户代表，评审研究结果
指数值 <1.33	该过程目前不能满足接受准则。联系经授权的客户代表，评审研究结果

4. 不稳定的过程

根据不稳定的性质，一个不稳定的过程可能不能满足客户的要求。组织在提交 PPAP 之前，必须识别、评估变差的特殊原因，并在可能的情况下消除特殊原因。组织必须将存在的任何不稳定过程通报给经授权的客户代表，且在任何提交之前，必须向客户提交纠正措施。

对于散装材料，若过程存在已知的可判断的特殊原因，且输出满足规范要求，客户可能不要求纠正措施。

5. 单边公差或非正态分布的过程

对于单边公差或非正态分布的过程，组织必须马上与经授权的客户代表一起确定替代的接受准则。

表3-21所示的接受准则是基于正态分布和双边公差（目标位于中心）的假设。如果该假设不成立，使用这种分析可能会导致不可靠的信息。单边公差或非正态分布的过程的替代性接受准则可能要求一种不同类型的指数或某种数据变换的方法，但重点应该放在了解非正态分布的原因（如，过程经过一定时间后是否会稳定）和如何处理变差。

6. 无法满足接受准则时的措施

如果在规定的提交PPAP日之前，仍无法满足接受准则，组织应与经授权的客户代表取得联系，必须向经授权的客户代表提交纠正措施和修改后的、通常包含100%全检的控制计划，并请求获得批准。组织必须持续减少变差，直至满足接受准则或者得到客户批准。

100%的检验方法要接受客户评审，得到客户同意。

对于散装材料，100%检验是指对取自一连续过程或同一批次的产品样件进行的评价，该样品可代表整个生产过程。

7. 初始过程研究案例

初始过程研究多应用EXCEL、MINITAB、JUMP软件进行，一般同时计算指数与绘制控制图。图3-14为使用MINITAB软件进行初始过程研究的一个例子，表3-22为该例的数据表。

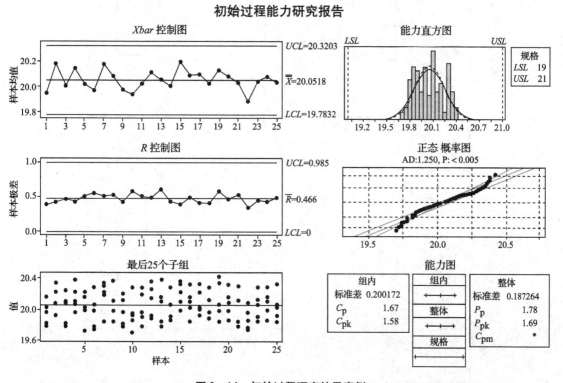

图3-14 初始过程研究结果案例

表 3-22 初始过程研究结果数据表

文件编号：QT×××××-×××

产品名称	支架	规格上限 USL	6.00	量具编号	卡尺0250	抽样方法 子组容量	5	生产部门 设备	冲压车间 冲压机
产品图号	12345-67890	规格中心限 CL	5.70	编号	12345	组数	25	设备 工序	挤出
控制特性	安装孔	规格下限 LSL	5.40	测量单位	mm				

日期/时间	8:10	8:20	8:30	8:40	8:50	9:00	9:10	9:20	9:30	9:40	9:50	10:00	10:10	10:20	10:30	10:40	10:50	11:00	11:10	11:20	11:30	11:40	11:50	12:00	12:10
读数 1	5.66	5.78	5.76	5.68	5.68	5.64	5.80	5.74	5.72	5.74	5.80	5.74	5.78	5.74	5.72	5.68	5.74	5.76	5.72	5.66	5.80	5.76	5.74	5.78	5.72
读数 2	5.80	5.74	5.78	5.78	5.78	5.68	5.74	5.78	5.66	5.78	5.74	5.82	5.80	5.76	5.72	5.72	5.76	5.80	5.78	5.66	5.68	5.68	5.76	5.68	5.68
读数 3	5.74	5.76	5.74	5.64	5.72	5.72	5.72	5.76	5.72	5.76	5.68	5.74	5.70	5.80	5.78	5.68	5.78	5.72	5.72	5.68	5.72	5.72	5.71	5.68	5.74
读数 4	5.72	5.82	5.76	5.72	5.78	5.84	5.70	5.74	5.74	5.72	5.64	5.74	5.68	5.66	5.68	5.64	5.72	5.70	5.62	5.80	5.82	5.64	5.68	5.70	5.74
读数 5	5.68	5.70	5.82	5.70	5.74	5.86	5.82	5.78	5.74	5.72	5.66	5.72	5.74	5.76	5.64	5.70	5.72	5.82	5.74	5.66	5.74	5.64	5.74	5.76	5.82
ΣX	28.60	28.80	28.86	28.56	28.74	28.74	28.82	28.74	28.62	28.74	28.56	28.74	28.72	28.66	28.58	28.70	28.50	28.80	28.60	28.52	28.90	28.54	28.60	28.68	
$\bar{X}$	5.72	5.76	5.77	5.71	5.75	5.75	5.79	5.75	5.72	5.75	5.71	5.75	5.74	5.73	5.72	5.74	5.70	5.76	5.75	5.72	5.70	5.78	5.71	5.72	5.74
R	0.14	0.12	0.08	0.14	0.16	0.14	0.14	0.12	0.14	0.06	0.12	0.18	0.14	0.14	0.08	0.14	0.16	0.12	0.16	0.14	0.14	0.14	0.10	0.10	0.14

初始过程研究指数值的接受准则参见表 3-21。Xbar 和 R 控制图有以下情况时可能存在特殊原因，需分析原因，采取措施：

1) 任何超出控制线的点。
2) 连续 7 点在中心线之上或之下。
3) 连续 7 点上升或下降。
4) 点的上升或下降出现明显的一定间隔的周期现象。
5) 大于 2/3 的点落在控制限内靠近中心线的 1/3 区域内。
6) 点集中在中心线附近（CL±1σ）或控制限界附近（CL±2σ 与 CL±3σ 之间）。
7) 任何其他明显非随机的图形。

初始过程研究所用的控制图常数和计算公式参考附录 C 控制图常数和公式。关于初始过程研究的详细内容参考《统计过程控制》参考手册以及本书系列的《产品质量先期策划（APQP）实用指南》第 5.10 和 6.3 章节的内容。

3.2.12 合格实验室的文件要求

合格实验室由客户进行定义，包括组织的内部实验室和外部实验室。多数客户要求合格实验室通过 ISO/IEC 17025 标准的认证，也有一些客户会对实验室进行客户的认可或其他合格实验室的定义。

ISO/IEC 17025《检测和校准实验能力的通用要求》标准是目前实验室认可的国际标准。国际上对实验室认可进行管理的组织是"国际实验室认可合作组织（International Laboratory Accreditation Cooperation，ILAC）"，这个组织目前有 100 多名成员，包括中国实验室国家认可委员会（China National Accreditation Board for Laboratories，CNAL）。

中国合格评定国家认可委员会（China National Accreditation Senice for Conformity Assessment，CNAS）在原中国认证机构国家认可委员会（China National Accreditation Board，CNAB）和原国实验室国家认可委员会（CNAL）的基础上整合而成。目前 CNAS 已取代 CNAL，成为负责我国实验室 ISO/IEC 17025 标准认可的实施机构。按照国际惯例，凡是通过 ISO/IEC 17025 标准认可的实验室，其出具的报告均具备法律效力，数据国际互认。

PPAP 要求的检验和试验必须按要求在客户定义的合格实验室内进行（例如有资质认可的实验室）。合格实验室（包括组织的内部和外部实验室）必须定义实验室范围，并有文件证明该实验室可进行测量或试验活动。

组织若使用外部或商业实验室，提交的试验结果必须记录在有实验室信头或标准的试验报告上。试验报告上应注明实验室名称、试验日期和使用的检验标准。

表 3-23 外观批准报告 (AAR)

零件号：①				图样编号：		适用范围（车型）：⑥	
零件名称：②				采购人员代码：⑤		工程更改等级：⑦ 日期：	
组织名称：③				制造厂地址：⑧		供方/供货商代码：⑩	
提交原因：⑪ □零件提交保证书 □纹理加工前				⑨ □再提交 □工程更改		□特殊样品 □第一批发运	其他

外观批准件报告

组织表面加工信息 ⑫	纹理加工的评价 ⑬经授权的客户代表签字和日期
	纠正并继续
	纠正和再提交
	准予进行纹理加工

外观批准件报告

颜色下标 ⑭	三色数据 ⑮				标准样品编号 ⑯	标准样品批准日期 ⑰	材料类型 ⑱	材料来源 ⑲	色调 ⑳		色彩				色品度	亮度		金属光泽		颜色供货标注 ㉑	零件处理意见 ㉒
	DL*	Da*	Db*	DE*					浅	深	红	黄	绿	蓝	灰 清晰	高	低	高	低		
			CMC																		

说明：

组织：㉓

签字：㉔ 电话： 经授权的客户代表： 日期：

经授权的客户代表： 签字：㉕ 日期：

3.2.13 外观批准报告

如果在设计记录上某一零件或零件系列有外观要求,组织必须单独完成该产品/零件的外观批准报告(AAR),并提交客户批准。

组织完全满足所有的外观标准后,必须将要求的信息记录到 AAR 上,并且要将已完成的 AAR 和代表性的生产产品/零件,提交到客户指定的地点接受处理。提交 PPAP 前,AAR 必须获得客户批准。按照客户要求的提交等级,在最后提交 PPAP 时,AAR(填入零件的接受情况和经授权的客户代表的签名)必须与 PSW 一起提交。

典型的 AAR 通常只适用于带有颜色、表面皮纹或表面外观要求的零件。有些客户不要求所有 AAR 表格中要求的项目全部填写。

表 3-23 为 PPAP 手册给出的外观批准报告 AAR 表格,表 3-24 为外观批准报告(AAR)的填写指南。

表 3-24 外观批准报告(AAR)填写指南

代号	栏目	填写说明
1	零件号	工程部门发行的客户零件编号
2	图样编号	如果与零件号不同,应填写绘有该零件的图样号
3	适用范围(车型)	填上使用该零件的车型年度、车型或其他项目名称
4	零件名称	填上零件图样上的零件名称
5	采购人员代码	填入具体购买此零件的采购人员代码
6/7	工程更改等级和日期	本次提交的过程变更等级和日期
8	组织名称	负责提交的组织(包括适用的供方)
9	制造厂地址	零件制造和装配的地点
10	供方/供货商代码	客户为生产或组装零件的组织场地所指定的代码
11	提交原因	选择合适项目解释本次提交的原因,在相应的方框上划"√"
12	组织资源与纹理加工信息	列出所有第一层表面加工工具、纹理来源、纹理类型,以及零件纹理和光泽度检查用的标准样品
13	纹理预评价	由经授权的客户代表完成(GM 公司不适用)
14	颜色下标	填入表示颜色的字母或数字
15	三色数据	列出提交零件与客户授权的标准样品相比较的色差(色差计)数字
16	标准样品编号	填入字母和数字混合式的标准样品识别号(福特公司不适用)
17	标准样品批准日期	填入标准样品批准日期
18	材料类型	标明第一层表面处理和底材(如:油漆/ABS)
19	材料来源	标明第一层表面和底材的供方
20	颜色评价	色彩、色调、色品度、亮度和金属光泽度(由客户目测)

(续)

代号	栏目	填写说明
21	颜色交货下标	彩色零件号下标或色号
22	零件处理意见	由客户决定（批准/拒收）
23	说明	组织或客户的一般注释
24	组织签名、电话号码和日期	组织证明文件资料正确，且已满足所有规定的要求
25	经授权的客户代表签字和日期	经授权的客户代表签字批准

注：粗线内区域仅供客户批准使用。

3.2.14 生产件样品

客户有要求时，组织必须按客户的要求提交产品样品。所提交的样品必须为在正式的生产条件下制造的、经检测合格的生产件，即供应商在正规的生产现场，使用正式生产的设备、工装模具、原材料、生产工艺、操作者、量具和环境，生产制造出来的零部件，且经检测，产品的外观、尺寸、材料、性能都满足设计记录的要求。

用于 PPAP 提交的生产件样品，数量由客户确定。客户可能会要求供应商对提交的样品进行编号，可以通过粘贴标签等方式对样品编号进行明确。这种情况下，尺寸测量结果也会要求对填入的测量数据进行编号，该编号的测量数据即为同编号的样品的实测量值，以便于客户对应复验与评审。

3.2.15 标准样品

标准样品就是实物标准，主要是用来作为文字标准的补充。汽车行业标准样品的主要用途是当用文字无法达到足够详细的描述或无法量化标准时，标准样品可以与文字标准配合构成完整的标准。最典型的例子是用于确定外观标准的限度样本（极限样件），限度样本的限度必须是组织已证实，在目前的生产条件下达到的最好状态，且限度样本必须获得客户批准。

组织必须保存一件标准样品，该样品的保存时间要与生产件批准记录保存的时间相同；或①保存到生产出一个用于客户批准，与该样品相同的客户零件编号的新标准样品为止；或②在设计记录、控制计划或检验标准要求的地方存放标准样品，作为参考或标准。必须对标准样品进行标示，并必须在样品上标出客户批准的日期。组织必须为多腔模、成型模、工装、图案或生产过程的每个位置各保留一件标准样品，除非客户另有规定。

当标准样品因尺寸、体积等原因难以储存时，若获得经授权的客户代表的书面许可，可以改变或放弃对标准样品保留的要求。标准样品的作用是为帮助确定生产标准，特别用于数据含糊的情况或当缺乏充分的细节来完全再现初始批准状态下的零件。

许多散装材料的性质会随时间发生变化，如果客户要求有标准样品，组织提交样品要包含制造记录、试验结果和关键成分的分析证明，以用于客户的批准。详细内容参见散装材料的特殊要求（第7.1.10节标准样品）。

3.2.16 检查辅具

由于一些零件的形状不规则，通用量具无法精确地测量，通常会制作检查辅具以确保零件检验的质量。检查辅具一般指的是专用检具，根据产品的形状特性进行设计与制作，用来测量和评价零件尺寸、形状和位置特性的专用检验设备。

专用检具在制作前，检具设计制作方会对检具进行设计，并形成设计方案。一般情况下，客户会要求供方提交设计方案，经批准后再进行加工制作。制作专用检具的材料主要有代木、树脂和铝合金，框架多使用钢材。专用检具的整体结构主要由框架、检测平台、定位装置、夹紧装置、检测滑块及检测装置等构成。根据检具的设计要求，检测装置可分为计量型与计数型两种，如，使用通止规检测的计数型检测装置和使用间隙尺测量的计量型检测装置等。图3-15为专用检具示例图。

图3-15 专用检具示例图

专用检具在加工制作完成后，必须验收合格才能使用，检具供方在交付检具时必须提供检具验证合格的证据，如三坐标检测报告。有要求时，按要求进行测量系统分析研究。

客户对专用检具有要求时，要在PPAP提交前保证零件的专用检具检测必须合格，并得到客户对检具认可。

在提交PPAP时，如果客户有要求，组织必须同时提交零件的特殊装配辅具或部件的检查辅具。

组织必须证明检查辅具的所有内容都符合零件尺寸的要求。提交时，组织必须将与检查辅具相关的工程设计变更文件化。供方必须在零件寿命周期内对任何检查辅具提供预防性维护。

必须按照客户的要求进行测量系统分析研究，如量具的重复性与再现性、精度、偏移、线性和稳定性研究。详见第 3.2.8 节测量系统分析研究和《测量系统分析》参考手册。

检查辅具可以包括特定于提交产品的夹具、计量型和计数型量具、模具、模板和透明胶片。

检查辅具通常不适用于散装材料。如果要使用检查辅具，组织应该联系经授权的客户代表。

3.2.17 客户的特殊要求

客户有特殊要求时，组织必须具有符合所有适用的客户特殊要求的记录。组织提交 PPAP 时，将符合客户特殊要求的记录一并提交给客户。

对于散装材料，客户有特殊要求时，组织必须在散装材料要求检查表上对客户的特殊要求形成文字记录。

IATF 16949 标准术语中对客户特殊要求的解释为："客户特殊要求是指对汽车质量管理体系标准（IATF 16949）中特定条款的解释或与该条款有关的补充要求。" IATF 16949 第 4.3.2 客户特殊要求条款规定："必须对客户特殊要求进行评估和确定并包含在质量管理体系范围内。"

客户的特殊要求的识别来源于客户的输入，如与客户签署的各种技术协议、质量协议、物流协议、开发协议、客户标准、供应商手册等。客户的特殊要求可能会对产品、原材料、沟通、包装、分供方管理、交付、服务等方面提出要求，如：

1) 对产品的特殊特性符号标识的要求。
2) 对 2D 图框及版面格式的要求。
3) 对产品开发特定流程的要求。
4) 对原材料的性能、符合特定法规等方面的要求。
5) 对检验、试验方法的特定要求。
6) 对产品和过程变更管理的要求。
7) 对产品标识的要求。
8) 对包装器具的特殊要求。

9）对物流方式的特殊要求。

10）对产品交付方式的特殊要求。

11）对客户财产管理的要求。

12）对二级供应商管理的要求。

13）对生产件批准提交方式和内容的特殊要求。

14）对现场服务及售后服务的特定要求。

15）对产品质量的百万分率（PPM）、千台车故障率（IPTV）指标的要求。

16）对使用客户门户网站的要求。

17）对供应商评价的特定要求等。

组织一定要满足所分析与识别出的客户特殊要求，这也符合"以客户为关注焦点"这一质量管理原则。客户的需求是不断变化与发展的，组织要永远持续地进行满足，实现或超越客户的期望，提高客户满意度，从而与客户建立长期稳定的关系，为组织长期发展与保证市场奠定基础。

3.2.18 零件提交保证书

在完成所有要求的测量和试验后，组织必须完成零件提交保证书（PSW）。对于每一个客户零件编号都必须完成一份单独的 PSW，除非经授权的客户代表同意采取其他的形式。

如果生产零件是采用一个以上的多模腔、成型模、工具、冲模、图案模型，或多个如生产线或生产单元之类的生产过程加工出来的，则组织必须对来自每一处的每一个零件进行全尺寸测量评价。这时，必须在 PSW 上或在 PSW 附件上，在"成型模/多腔模/生产过程"一栏中填上特定的成型模、多腔模、生产线等。

组织必须验证所有测量和试验结果符合客户要求，并且可随时得到所要求的所有文件，对于等级 2、3 和 4（见第 5、2 节 PPAP 提交证据的等级），有些文件已包含在提交的资料中。经授权的组织代表必须签署该 PSW，并注明联系信息。

每一个客户零件编号的保证书，可以用来对许多已文件化的变更进行总结，且按客户要求的时间进行提交。

如果可行的话，PSW 可以采用符合客户要求的电子形式来提交。目前很多汽车整车厂已经推行 PPAP 提交网络系统，这种环保高效的工作模式将会得到广泛应用。

表 3-25 所示为 PPAP 手册提供的零件提交保证书（PSW）标准表格，表 3-26 为零件提交保证书（PSW）的填写指南。

表 3-25 零件提交保证书（PSW）

零件名称_____① 零件号_____②a
图样编号_____③ 组织零件编号_____②b
工程变更等级_____④ 日期_____
附加工程变更_____⑤ 日期_____
安全和/或政府法规 □是 □否 ⑥ 采购订单编号_____⑦ 重量_____⑧ kg
检查辅具编号_____⑨ 检查辅具工程变更等级_____⑩ 日期_____

组织制造厂信息 提交客户的信息
_____⑪ _____⑬
组织名称和供方/供货商代码 客户名称/部门
_____⑫ _____⑭
街道地址 采购人员名称/采购人员代码
 _____⑮
城市　　地区　　邮编　　国家　　　　适用范围

材料报告：
　客户要求的受关注物资信息是否已报告？⑯ □是 □否 □n/a
　通过 IMDS 报告或用客户规定的其他表格报告：_____
　　　　　　　　　　　　　　　　　　　　　　　_____
注：注塑件是否已标注相应的 ISO 标注编码。⑰ □是 □否 □n/a
提交原因（至少选一项）⑱
　□首次提交　　　　　　　　　　□改为其他选用的结构或材料
　□工程变更　　　　　　　　　　□供方或材料来源变更
　□工装：转移，更换，整修或添加　□零件加工过程变更
　□偏差校正　　　　　　　　　　□在其他地方生产零件
　□工装停止使用期超过一年　　　□其他——请说明
要求的提交等级（至少选一项）⑲
　□等级 1—只向客户提交保证书（若指定为外观项目，还应该提交外观件批准报告）
　□等级 2—向客户提交保证书及产品样品以及有限的支持数据
　□等级 3—向客户提交保证书及产品样品以及全部的支持数据
　□等级 4—保证书以及客户规定的其他要求
　□等级 5—保证书，产品样品以及全部的支持数据都保留在组织制造现场，供审查时使用
提交结果：⑳
结果：□尺寸测量　□材料和性能试验　□外观准则　□统计过程数据
这些结果满足所有设计记录要求：□是　□否（如果选择"否"应解释）㉑
成型模/多腔模/生产过程_____㉒_____
声明
我声明，本次提交所使用的样品上是出自我们生产过程的，具有代表性的零件，且已符合生产件批准程序手册第四版的所有要求；我进一步保证这些样品是以 ㉓ 件/ ㉔ 个小时的生产速率制造的。同时我保证所有符合性证明文件都已归档备妥，以供评审。我还说明了任何与此声明有偏差的内容，见下文。
解释/说明：_____㉕
每种客户的工具是否都已适当地加标签和编号？ □是 □否 □n/a ㉖
经授权的组织代表签字_____㉗_____日期_____
印刷体姓名_____电话号码_____传真号码_____
职务_____ E-mail_____

PPAP 保证书处理意见：□批准　□拒收　□其他　　仅供客户使用（若适用）
客户签字_____ 日期_____
印刷体姓名_____客户跟踪编号（可选项）：_____

表 3-26 零件提交保证书（PSW）填写指南

代号	栏目	填写说明
零件信息		
1/2a	零件名称及零件号	客户工程部门签发的最终零件名称和编号
2b	组织零件编号	若零件编号是由组织制定的，填写组织的零件编号
3	图样编号	规定提交的客户零件编号的设计记录
4	工程变更等级和日期	说明变更的版本和变更日期
5	附加工程变更和日期	列出所有没有纳入设计记录的，但已在该零件上体现并已批准的工程变更和变更日期
6	安全和/或政府法规	如设计记录注明为安全和/或政府法规项的，则选择"是"，反之选"否"
7	采购订单编号	依据合同/采购订单填入编号
8	零件重量	填入用千克（kg）表示的零件实际重量，精确到小数点后四位（0.0000），除非客户另行规定。零件重量不可以包括运输时的保护装置、配备辅具或包装材料。为了确定零件重量，组织必须随机选择10个零件分别称重，然后计算并报告平均重量。用于实际生产的每个多模腔、工装、生产线或过程都必须至少选取一个零件进行秤重
9/10	检查辅具编号、变更等级和日期	如客户有要求，填入检具编号、变更版本和变更日期
组织制造厂信息		
11	组织名称和供方/供货商代码	按采购订单或合同上规定的制造厂的名称和代码填写
12	街道、地区、邮编、国家	填入零件生产地完整的地址，"地区"填省、市、县等
提交客户的信息		
13	客户名称/部门	填入客户公司名称和部门或组织名
14	采购人员姓名/代码	填入客户采购人员姓名和代码
15	适用范围	填入年型、车型或发动机、变速器等
材料报告		
16	受关注物质的信息是否报告	填入"是""否"或"n/a"。
	IMDS 或客户的其他表格的报告	圈出"IMDS"或"客户的其他表格"。如果是通过 IMDS 提交的，需填写模块号、版本号和创建日期。如果是用客户规定的其他表格提交的，填入客户签收日期
17	聚合物标示	填入"是""否"或"n/a"
提交原因		
18	提交原因	选择合适的项目。对于散装材料，除了要选合适的项目，还要选"其他"栏，并在空格处填上"散装材料"
提交等级		
19	提交等级	选择由客户要求的提交等级

(续)

代号	栏目	填写说明
		提交结果
20	提交结果	选择合适的项目,并在相应的方框上划"√",包括尺寸、材料试验、性能试验、外观评价和统计数据
21	结果满足所有设计记录要求	选择合适的项目,并在相应的方框上划"√"。如果是"否",应在"说明"栏中进行解释
22	成型模/多腔模/生产过程	如果生产零件是采用一个以上的多模腔、成型模、工具、冲模或图案模型,或多个如生产线或生产单元之类的生产过程加工出来的,则组织必须对来自每一处(每个型腔、每个模具等)的每一个零件进行全尺寸测量评价。这时,必须在这一栏中填上特定的成型模、多腔模、生产线等
		声明
23	声明	填入有效生产过程产出的零件数量
24	声明	填入该有效生产过程产运行的时间(以小时为单位)
25	解释/说明	填写任何和提交结果有关的解释内容或任何有违声明的事项,可加附页说明详细内容
26	客户工具的标示和编号	对于客户的工具,是否根据 IATF 16949 的要求或客户特殊要求进行了标示,回答"是"或"否"。这一条可能不适用于 OEM 的内部供方
27	经授权的组织代表签名	组织责任人在确认所有结果都符合客户要求并且所有相关文件都备妥后,必须在声明上签字,并填上自己的职务、电话号码、传真号码和 E-mail 地址
		仅供客户使用
		此栏供客户批准使用,供应商不填。

几点说明:

(1)零件重量

这一重量只用于车辆重量分析,并不影响批准过程。在没有要求至少 10 件零件的生产或服务情况下,组织应该用要求的数量进行称重,并计算零件平均重量。对于散装材料,零件重量不适用。

(2)材料报告

第四版 PPAP 增加了零件材料报告,该材料报告可使用国际材料数据库系统(IMDS)完成。目前,国内大部分厂家采用中国汽车材料数据系统(CAMDS)。详见第 3.2.1 节设计记录。

(3)聚合物的标示

塑料件重量大于 100g、合成橡胶件重量大于 200g 时,组织必须按 ISO 要求标注聚合物。详见第 3.2.1 节设计记录。

第 4 章
工程变更和客户通知

当组织计划对产品的结构、材料、过程要求及环境进行变更时,必须在变更前与客户沟通,并获得客户的批准。变更后的产品组织必须在首批产品发运前向客户提交 PPAP,以确定该产品和相应的制造过程满足客户的要求。

4.1 工程变更

IATF 16949:2016 第 8.5.6.1 更改控制-补充条款规定:"组织应有对影响产品实现的更改进行控制并作出反应的文件化过程。"组织应将工程更改识别为过程,并建立相关的过程文件。

工程变更也称为工程更改,一般分为产品变更和过程变更两大类,包括产品的结构、材料、设备、模具、方法、环境、关键岗位人员等方面的变更。工程变更的初衷是产品优化和费用节减。工程变更按来源可分为客户要求的变更、组织变更和供方变更。

产品变更包括以下几个方面:
1) 结构优化或更改。
2) 尺寸的更改。
3) 装配方式的更改。
4) 产品功能的改进。
5) 颜色或皮纹的更改。
6) 材料的更改(种类)等。

过程变更主要是指4M1E（人、机、料、法、环）的变更，有以下几方面：

1）关键岗位人员的变更。
2）生产设备的改造或更换。
3）工装、模具、夹具的更换。
4）专用检具的更换。
5）材料的变更（厂家、牌号、外观）。
6）操作方法的变更。
7）试验、检验方法的变更。
8）制造场所的变更。
9）制造工艺的变更。
10）生产流程的变更等。

组织对任何变更都要进行变更前的评审，分析变更给相关方带来的利益，以及对产品、过程、客户和供方产生的影响，不仅要考虑变更的时间、成本、风险等因素，还要考虑客户在新状态切入点前的备货，以及在库、在途产品的处理和相关文件的更改等。

变更前，组织必须保证将变更信息通知到所有受影响的相关部门，包括客户和供应商，并及时发送变更文件，以确保各相关部门能及时获得有效的变更信息，使变更得到控制及有效管理。

客户要求的变更，客户一般会正式通知，供方和组织的变更必须征得客户的同意。变更必须有计划地进行，必要时启动 APQP 或其他程序进行管理。

组织的变更通知客户并得到批准后，一般以工程变更单或技术通知的方式向组织内部相关部门传递工程变更信息，并将变更信息传递到供应商及其他相关方，确保信息和产品状态一致，表 4-1 所示为工程变更单示例。当客户对工程更改记录有要求时，要满足客户的要求。更改后的产品量产前，必须获得客户的生产件批准。

表 4-1 工程变更单示例

更改单编号：　0123456　　　　　　　　　　　　　　　　　　　　文件编号：QT×××××-×××

零件名称	××胶条		零件号	12345-×××××
更改描述	■产品更改　□过程更改			
更改原因	□客户工程更改 □内部改进 ■其他		更改原因具体说明（必要时）	冬季，材料硬度大，难安装
更改内容				
取消			采用	

(续)

零件名称	××胶条				零件号		12345-×××××			
原材料硬度：HA70±5。					现原材料硬度：夏季HA70±5；冬季HA65±5。					
更改涉及的零件/材料										
零件/材料名称	零件号/材料牌号	来源		更改前状态的保有数量						已制品处理
		自制	采购	供应商	材料库	生产线	成品库	客户	在途	总数	报废
		√					50	100		150	
更改涉及的文件	文件名称 / 零件名称	图样	产品标准	材料清单	流程图	FMEA	控制计划	操作指导书	检验指导书		其他
	××胶条	√		√	√	√	√	√	√		
	注：以上空格内可进行标记或填写具体的工序号或工序名称										
更改涉及的部门/车间：质量部、市场部、技术中心、采购部、挤出车间											
更改实施日期：以上更改计划于20××年××月××日起开始实施											
是否需通知客户：■是 □否 因为：产品改善，需客户验证批准。											
编制/日期： 陈×× 20××-××-××						审核/日期：					
批准/日期：											

4.2 客户通知

所有有关零件设计和/或制造过程设计的变更，组织都有责任通知经授权的客户代表。这些变更包括产品的结构、材料、工装模具、方法、厂地、长期停产、关键岗位人员等。组织在计划变更前，必须将这些变更通知客户，以获得客户批准。表4-2所示为变更通知的一个示例。货车工业参考第7.3.9客户通知部分的内容。

组织任何有计划的设计、过程和现场变更，组织都必须通知经授权的客户代表，表4-3所示为PPAP手册列举的变更情况。经授权的客户代表接到供应商的变更通知并批准所建议的变更时，供应商才可实施变更。供应商在客户批准变更时或变更实施后，都要求供应商提交PPAP，除非客户豁免或另行规定。

表4-2 变更通知示例

文件 NO ××-×××	工程变更申请书					制作	审核	批准
公司名称	×××公司	委托者	刘××	申报日期	2018年×月×日			
品名	前轮罩	品号	12345-×××××	车型	××车型			
图样版本	B.1	变更 类别	材料变更	计划量产时间	2018年×月×日			
变更事由	品质提升（■）　问题改善（　）　客户要求（　）　成本节减（　）　模具修改（　） 设计变更（　）　etc（　）							
变更内容	变更前 原材料为：××石化，PP（××号）。			变更后 原材料为：××公司，PP（××号）。				
样件：有（■）　无（　）								
检验事项	检查及试验 材料性能			附加资料 1. 样件检验报告 2. 材料试验报告 3. 零件提交保证书 4. AAR外观批准报告 5. 二次供方清单				
客户批准				需要（■）　不需要（　）				
部门								
责任人	（签字）		（签字）		（签字）			
意见								
备注								

表4-3 要求通知变更举例

序号	要求通知的变更举例	说明
1	和以前被批准的零件或产品相比,使用了其他不同的结构或材料	例如:记在偏差(公差)上的另一结构,或在设计记录中记为批注的;且不包含关于生产产品/零件编号的设计记录、技术规范或材料方面的工程变更
2	使用新的或改进的工装(不包括易损工装)、模具、成型模、模型等,包括补充的或替换用的工装	本要求只适用于由于其独特的形状或功能,可能影响最终产品完整性的工装。不适用于标准工装(新的或维修过的),例如标准测量装置、旋具(手动或电动)等
3	在对现有的工装或设备进行升级或重新布置之后进行生产	升级,是指为了增加产量、性能,对工装或设备进行改造和/或变更,或改变它现有的功能。不要和正常的维护、修理、或零件更换等工作相混淆,这些工作预期是不会引起性能上的改变的,而且在其后还建立有维修后验证的方法加以保证 重新布置,定义为改变了过程流程图中规定的生产/过程流程顺序(包括新过程的加入) 可能要求对生产设备进行微小调整以满足安全要求,如安装防护罩、消除潜在的 ESD 风险等
4	工装和设备转移到不同的工厂,或在一个新增的厂址进行生产	生产过程用工装和/或设备,在一个或多个场地中的建筑或设施间转移
5	供方的零件、不同材料或服务(如热处理、电镀)的变更,从而影响客户的装配、成型、功能、耐久性或性能的要求	组织负责批准供方提供的材料和服务
6	工装停止批量生产达到或超过 12 个月以后重新启用进行生产	对于工装停用达到或超过 12 个月后生产出来的产品:若该零件的采购订单无变化,且现有工装已经停止批量生产达到或超过 12 个月时,要求通知客户 唯一一种例外是当该零件是以小批量方式生产的,如售后维修件或特种车辆。然而,客户可能对售后维修零件规定特定的 PPAP 要求
7	内部制造或供方制造的零部件及其制造过程发生变更	组织的任何供方或供方的供方发生变更,只要是影响到客户要求的,如装配、成型、功能、性能和耐久性
8	试验/检验方法的变更—新技术的采用(不影响其接受准则)	对于试验方法的变更,组织应该有证据表明,新方法具有和老方法相同的测量能力
9	附加要求,只针对散装材料:新的或现有的供方提供的新材料	通常这些变更会对产品性能有影响
10	产品外观属性的变更	

第 5 章
PPAP 提交与批准

新产品或变更后的产品量产前,组织必须通知或与客户沟通,并按要求向客户提交 PPAP,保证将来的生产能持续满足客户的所有要求。产品在量产交付前,PPAP 必须获得客户的完全批准。

5.1 PPAP 的提交要求

新产品或变更后的产品在批量生产前,组织必须向客户提交 PPAP,除非经授权的客户代表免除了该要求。表 5-1 所示为组织必须在首批产品发运前提交 PPAP 批准要求的情况,PPAP 提交前要事先通知经授权的客户代表,或与其沟通。

不论客户是否要求正式提交 PPAP,组织都必须在需要时对 PPAP 文件中所有适用的项目进行评审和更新,以反映生产过程的情况。PPAP 文件必须包括经授权的客户代表的姓名签署和签署日期。

表 5-1 PPAP 提交要求

序号	要求	说明
1	新的零件或产品(如以前未曾提供给客户的某种零件、材料或颜色)	对于一种新产品(初次放行),或一种以前已批准的产品但又指定了一个新的或修改的产品/零件编号(如加了后缀)时,要求提交。新增加到一个产品系列的零件/产品或材料,可以使用以前在相同产品系列中获批准的适当的 PPAP 文件
2	对以前提交的不符合零件的纠正	要求提交对所有以前的不符合零件的纠正。"不符合"包括以下内容: 1)产品性能违反客户的要求

(续)

序号	要求	说明
2	对以前提交的不符合零件的纠正	2）尺寸或性能问题 3）供方问题 4）替代零件的临时批准 5）试验问题，包括材料、性能、工程确认的试验
3	关于生产产品/零件编号的设计记录、技术规范或材料方面的工程变更	对于生产产品/零件编号的设计记录、规范或材料的所有工程变更都要求提交
4	附加要求，只对散装材料： 组织在产品上采用了以前未曾用过的新的过程技术	

生产件批准可能会根据客户的要求分阶段地进行提交。如现代汽车，在产品开发的初始阶段，就要求其供应商按节点完成 ISIR 的相关文件，并通过网络系统进行提交。但无论哪种提交要求，组织在正式量产前必须获得客户的生产件批准。

5.2　PPAP 提交证据的等级

5.2.1　提交等级

PPAP 的提交，组织必须按一定的等级向客户提交相关资料证据，包括各种项目和/或记录，表 5-2 所示为 PPAP 提交等级的规定。

表 5-2　PPAP 提交等级规定

等级	等级规定内容
等级 1	仅向客户提交保证书（对指定的外观项目，提供一份外观批准报告）
等级 2	向客户提交保证书和产品样品及有限的相关支持资料
等级 3	向客户提交保证书、产品样品及完整的相关支持资料
等级 4	提交保证书和客户规定的其他要求
等级 5	保证书、产品样品以及全部的支持数据都保留在组织制造现场，供审查时使用

如果客户负责产品批准的部门没有其他规定，则组织必须使用等级 3 作为默认等级，进行全部提交。经授权的客户代表可以确定不同于默认等级的提交等级，所采用的提交等级适用于每个组织，或组织和客户零件号的组合。不同的客户现场可能指定不同的提交等级给同一个供方制造现场。

PPAP 提交所涉及的所有表格可以使用计算机制作的副本代替。在首次提交前，必须由经授权的客户代表确认这些副本的可接受性。

散装材料 PPAP 的提交，要求至少包含零件提交保证书和《散装材料要求检查表》，即按等级 1 的规定提交。在零件提交保证书的"提交原因"栏内，选择"其他"，并说明是散装材料。这表示使用了《散装材料要求检查表》来说明符合散装材料的 PPAP 要求，且该检查表要包含在提交的资料里。

5.2.2 提交证据要求

PPAP 的提交等级确定后，组织按确定的等级向客户提交相关文件项目和/或记录等资料证据，表 5-3 所示为 PPAP 各等级规定的提交证据的要求，表中提交等级符号见表注。若客户有特殊要求，可能会增加 PPAP 的提交内容，组织在提交 PPAP 时要满足客户的要求。

表 5-3 PPAP 提交的证据要求

要求		提交等级				
序号	内容	等级 1	等级 2	等级 3	等级 4	等级 5
1	设计记录	R	S	S	*	R
	—有专利权的子零件/详细数据	R	R	R	*	R
	—所有其他子零件/详细数据	R	S	S	*	R
2	工程变更文件（如果有）	R	S	S	*	R
3	客户工程批准（如果被要求）	R	R	S	*	R
4	设计 FMEA	R	R	S	*	R
5	过程流程图	R	R	S	*	R
6	过程 FMEA	R	R	S	*	R
7	控制计划	R	R	S	*	R
8	测量系统分析研究	R	R	S	*	R
9	全尺寸测量结果	R	S	S	*	R
10	材料、性能试验结果	R	S	S	*	R
11	初始过程研究	R	R	S	*	R
12	合格实验文件	R	R	S	*	R
13	外观批准报告（AAR）（如果适用）	S	S	S	*	R
14	生产件样品	R	R	S	*	R
15	标准样品	R	R	R	*	R
16	检查辅具	R	R	R	*	R
17	符合客户特殊要求的记录	R	R	S	*	R
18	零件提交保证书（PSW）	S	S	S	S	R
	散装材料检查表	S	S	S	S	R

注：1. S—组织必须提交给客户，并在适当的场所保留一份记录或者文件项目的副本。

2. R—组织必须在适当场所保存，在客户代表有要求时应易于得到。

3. *—组织必须在适当场所保存，并在有要求时向客户提交。

5.3 零件的提交状态

5.3.1 PPAP 的批准

组织按要求向客户提交 PPAP 后，客户将对 PPAP 进行批准或其他处理。PPAP 提交获得批准后，组织必须保证将来的生产能持续满足客户的所有要求。

如果某一特定客户将 PPAP 提交等级归类为"自我认证"（即 PPAP 提交等级 1）的组织，提交要求的、组织批准的文件将被视为客户批准，除非客户对组织有其他的建议或要求。

5.3.2 客户的 PPAP 状态

PPAP 提交给客户后，客户有三种批准状态，分别是完全批准、临时批准和拒收。

1）完全批准是指产品或材料，包括所有零部件，满足客户所有的要求。组织被授权可以根据客户计划安排，进行量产，交运量产产品。

2）临时批准是在限定的时间内，按限定的数量向客户交运生产需要的材料或产品。组织只有在下列情况下，客户可给予临时批准：已明确了阻碍生产批准的不合格原因，且已准备了一份客户同意的纠正措施计划。要达到"批准"状态，需要再次提交 PPAP。

组织有责任实施遏制措施，以确保只有可接受的材料或产品发运至客户处。"临时批准"的零件不能视作"批准"。获得临时批准的产品，若不符合纠正措施计划，组织即使按截止日前或规定数量交运，临时批准文件内所包括的材料或产品仍会被拒收。如果超出限定时间，还没有获得完全批准，且客户没有同意延长临时批准，则不允许再交运产品。

对于散装材料的临时批准，组织必须使用"散装材料临时批准"表格，或其他等效表格（见第 7 章 7.1 节散装材料的特殊要求）。

3）拒收是指根据生产批次提交的样品和/或文件不符合客户的要求，客户不批准 PPAP，拒收产品。在这种情况下，组织必须在适当时对不符合内容和/或过程进行纠正，重新提交 PPAP，以满足客户要求。在量产交运之前，PPAP 的提交必须被批准。

临时批准和拒收组织都要进行不符合纠正，并重新提交 PPAP，产品在量产交运前，

PPAP 必须被完全批准。PPAP 批准状态处理流程如图 5-1 所示。

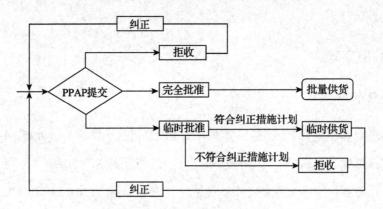

图 5-1　PPAP 批准状态处理流程

第 6 章 文件与记录

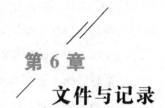

建立质量管理体系文件是组织质量管理体系的基础,是运行质量管理体系活动的依据。质量管理体系的有效运行,必须以体系文件的规定为准则,记录则成为质量管理体系运行的证据,因此文件和记录的管理对组织的质量管理体系非常重要。PPAP 文件与记录作为供应商对量产产品的质量保证与承诺,必须按要求进行保存与管理。

6.1 质量管理体系文件与记录

6.1.1 文件与记录概述

文件在广义上指公文、信件或有关政治理论、时事政策、学术研究等方面的文章。组织内的文件可以按以下方式进行分类:

文件按来源可分为外来文件与内部文件。外来文件包括来源于政府部门、客户、网络、其他组织等渠道的文件,如标准、客户原图、报价资料、订单。内部文件是由组织内部编制形成的文件。

文件按载体可分为纸质文件、电子文件以及样件。纸质文件是使用纸张为载体的文件,如纸质图样、纸质检验卡、照片等。电子文件是存储在硬盘、光盘等电子介质中的文件,如 CAD 电子数据。样件是以色板、样板、标准样品等为表现形式的文件。

按受控与否可分为受控文件与非受控文件。受控文件是指对文件实施有效控制的文件,如作业指导书、质量手册。非受控文件是指用于投标、客户非现场使用的以及其他特殊发放的文件,不要求对其更改进行控制的文件。

按质量管理体系可分为质量管理体系文件和其他文件。质量管理体系文件按层次结构可分为质量手册、程序文件、三层次文件以及记录。其他文件为质量管理体系要求之外的文件，如财务管理制度、食堂管理规定、劳保用品采购制度等。

在质量管理领域，对文件的定义可参考 ISO 9000 质量管理体系基础和术语标准。在 ISO 9000 标准中，将文件定义为信息及其载体，以记录、规范、程序文件、图样、报告、标准等表现形式存在，可以以纸张、磁盘、照片、标准样品，或它们的组合为载体。记录是一种特殊文件，用来阐明所取得的结果或提供所完成活动的证据的文件。

质量管理体系文件是描述组织质量管理的一整套文件，它是组织质量控制和质量保证的重要基础和依据，是组织质量活动的法规，是组织全体员工都应遵守的工作规范。建立质量管理体系文件，有益于理顺组织各项活动的关系，协调各部门和人员明确职责与权限，使各项质量活动能够顺利、有效地开展与运行，提高组织的质量管理水平，持续不断地提高客户和相关方的满意度。

ISO 9000 族国际标准要求将组织的质量管理体系形成文件。IATF 16949：2016 第 7.5.1.1 质量管理体系文件条款规定："组织的质量管理应形成文件，并包括质量手册，可由系列（电子或硬拷贝形式）文件构成"。第 4.4.2 条款也规定："必要时，组织应：a）保持形成文件的信息，为过程运行提供支持；b）保留文件的信息，以证实过程是按策划执行的。"组织的质量管理体系以文件化的形式形成质量体系文件是必须的，质量管理体系文件可以是任何形式或媒介载体，如纸质的、电子的图像和视频等。

6.1.2　建立质量管理体系文件的目的

质量管理体系文件作为质量管理活动的法规，为产品质量的保障提供条件。GB/T 19023—2003《质量管理体系文件指南》详细描述了将组织的质量管理体系形成文件可实现的目的和作用。组织建立质量管理体系文件，可至少实现以下目的和作用：

1）描述组织的质量管理体系。
2）为跨职能小组提供信息以利于更好地理解相互关系。
3）将管理者对质量的承诺传达给员工。
4）帮助员工理解其在组织中的作用，从而加深其对工作的目的和重要性的认识。
5）使管理者和员工达成共识。
6）为期望的工作业绩提供基础。
7）说明如何才能达到规定的要求。
8）提供表明已经满足规定要求的客观证据。

9）提供明确和有效的运作框架。

10）为新员工培训和现有员工的定期再培训提供基础。

11）为组织的秩序和稳定奠定基础。

12）通过将过程形成文件以达到作业的一致性。

13）为持续改进提供依据。

14）通过将体系形成文件为客户提供信心。

15）向相关方证实组织的能力。

16）向供方提供明确的框架要求。

17）为质量管理体系审核提供依据。

18）为评价质量管理体系的有效性和持续适宜性提供依据。

质量管理体系文件的建立，最直接的目的是使质量管理体系健康运行，最终目的是保证产品质量，实现客户满意。这些质量管理体系文件还将作为组织的知识财富积累，为提高组织的核心竞争力铺垫基石，从而获得更高的社会认可度，争取更广阔的市场。

6.1.3 质量管理体系文件的层次

质量管理体系文件一般划分为3个或4个层次，不仅包括质量手册，还包括程序文件、作业指导书、各种质量计划、外来文件、表格和记录等。文件层次的多少可根据组织的实际和需要进行调整。

质量管理体系四级文件的层次结构示意图如图6-1所示，质量管理体系文件自上而下由4个不同层级的文件组成，最顶层的一级文件为质量手册，往下依次为二级文件程序文件，三级文件作业指导类型文件，最底层四级文件为各种质量记录。高层文件为低层文件的要求与纲要，低层文件为高层文件的支撑，层级越低，文件数量越多，规定越详细。

图6-1 四级质量管理体系文件示意图

1. 质量手册

质量手册是对组织质量体系的概括描述和总体要求,是指导质量体系运行的主要文件,是组织质量管理和质量保证活动应长期遵循的纲领性文件。质量手册的内容包括质量方针、质量目标、部门职责和业务过程等。质量手册应具有唯一性。

2. 程序文件

程序文件由规定组织各项相互关联的业务活动运行过程的文件构成。程序文件是在质量管理体系文件中属于质量手册下一层级的文件层次。程序文件描述组织所有业务活动的过程,通常描述的是跨职能的活动,一般规定每个过程应该做什么、由谁做以及目的、时间和地点等。

3. 三级文件

三级文件通常适用于某一特定职能内的活动,详细描述组织每个业务活动的过程怎么实现,用于指导每个工作、活动、设备等如何操作或使用,以作业指导书、操作规程、检验规程等文件形式详细描述操作步骤。

4. 四级文件

四级文件用以记录组织各项业务活动的结果,为质量控制提供客观依据,并作为进行质量分析和采取纠正措施的依据。

组织的质量管理体系文件的层级要根据实际情况进行设计,对于较小规模的组织,可以将程序文件写入质量手册,文件层次结构相对简单;对于规模大、集团化或跨地域的组织,可以建立多个适用的质量手册,体系文件会相应增多,文件层次结构也会更复杂。

6.1.4 质量管理体系文件的编制方法

质量管理体系文件根据组织的规模、范围、目标、业务活动等实际情况进行规划,文件内容要适用,文件的格式、载体及描述方式不受限制。

质量管理体系文件的建立顺序可以按图6-1的层次结构自上而下,也可以自下而上,但大多是同步进行。因为多数企业在建立质量管理体系文件之前,会有一些现成文件,可以对这些文件进行评审并利用,这也会缩短体系文件建立的时间。再者,程序文件有时会引用作业指导书,而作业指导书的编制先于程序文件;质量手册通常是在程序文件和作业指导书完成之后才能定稿。记录作为一种特殊文件一定会放在最后,作为程序文件和作业指导书中规定的活动得到有效实施的证据。

质量管理体系文件的编制可以参考 GB/T 19023—2003《质量管理体系文件指南》给出的编制方法示例：

1）根据选择的质量管理体系标准确定适用的质量管理体系文件要求。

2）通过各种方式，如问卷调查和面谈，收集有关现有的质量管理体系和过程数据。

3）列出现有适用的质量管理体系文件，分析这些文件以确定其可用性。

4）对参与文件编制的人员进行文件编制以及适用的质量管理体系标准或选择的其他准则的培训。

5）从运作部门寻求并获得其他源文件或引用文件。

6）确定拟编制文件的结构和格式。

7）编制覆盖质量管理体系范围所有过程的流程图。

8）对流程图进行分析以识别可能的改进并实施这些改进。

9）通过试运行，确认这些文件。

10）在组织内使用其他适宜的方法完成质量管理体系文件。

11）在发布前对文件进行评审和批准。

质量管理体系文件的编制要求员工广泛参与，应由参与过程和活动的人员编写，这有利于文件与实际的运行或操作相一致，提高文件实用性，并使员工产生参与感与责任感。质量管理体系文件可引用现有的质量管理体系标准或现有文件，有助于提高文件的编制效率，缩短编制时间，也利于控制文件量。质量管理体系文件要经过评审和批准后才能有效使用，并应根据组织的体系运行情况和发展进行更新，以确保文件的适用性。然而记录是一种结果或实施证据，不能更改，一般也不会修订。

6.2 文件与记录的管理介绍

为使质量管理体系文件发挥其效用，需要对这些文件进行有效的管理和控制，组织一般在质量管理体系建立时会策划文件控制程序。而对于一个企业而言，文件作为一种知识，随着企业的发展，文件越来越丰富，版本更新时常发生，在文件的存放、查询、版本和借阅等方面的管理越发重要，有些企业选择使用文件管理系统进行文件管理。

6.2.1 文件管理的概念

对文件管理定义，在很多文献中都有描述，虽有不同但主旨一致。目前对文件管理的含义最普遍的认知来源于1982年6月在德国柏林的国立普鲁士文件遗产国家图书馆,由联合国教科文组织与国际档案理事会共同召开的"文件与档案管理规划第二次专家协商会议"。会议将文件管理概括为"文件管理是指对文件在其形成、保存、利用和处理过程中进行的经济而有效的全面管理。文件管理概念的内涵包括文件生命周期管理中从文件的形成或接收到它们的处置的过程"。

文件管理一般由档案管理部门统一管理。文件管理的内容包括文件格式标准的制定、文件编号规则的制定、文件标识、文件的存档、文件的缮印、文件的收发、文件的借阅、文件的销毁等。文件管理要考虑文件的受控与保密,建立起各种台账和电子账,保证账与文件一致。

1. 文件格式标准

文件格式标准指组织各类文件的文件体式、结构和用语规范,统一组织各类文件的字体字号、符号、页面布局,以便于文件区分与管理。

2. 文件编号规则

文件编号规则指为便于组织文件管理,便于文件识别和版本控制,确保文件的唯一性,对文件的编号进行统一的规定。文件编码规则示例如图6-2所示。

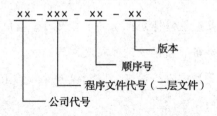

图6-2 文件编码规则示例

3. 文件的存档

将各类文件进行系统化的整理,分类存放,并在有效文件清单上进行登记。

4. 文件的缮印

按要求对文件进行印制,并做好登记。

5. 文件的收发

文件的收发指文件的接收与发放,文件发送需在文件发放/回收记录上登记,重要文件做好编号,并由文件的接收人签字。外来文件的接收需登记到外来文件接收记录上,并借阅给相关人员进行评审。

6. 文件的借阅

文件的借阅指文件的借出与归还的管理，由借阅人在文件借阅记录上签字确定。

7. 文件的标识

文件的标识指在文件的合适位置上进行标识。如标注受控与非受控、文件阶段、日期、外来和作废等。

8. 文件的作废留存

某些有价值的作废文件需要留存，数量多的文件最少保留一份，其余可销毁处理。作废留存的文件应标记"作废留存"标识，并填写作废文件存档记录。

9. 文件的销毁

将无用的文件采用碎纸机、裁断等方式进行销毁处理，文件销毁一般需由两名以上人员进行，并在文件销毁记录上登记。

6.2.2 文件管理和质量记录文件管理的原则

1. 文件管理原则

文件作为组织的重要知识，其管理需要遵循一定的文件管理原则，以确保文件的有效、及时、适用和安全，满足文件使用部门获取信息的要求。组织的文件管理应坚持安全保密、严格谨慎和规范高效的原则。

（1）安全保密原则

在文件的形成、传递与存放等过程中，对文件的内容和载体等进行有效的保护与保密，确保文件的安全。通过培训等方式，增强文件管理人员的安全意识。安全适宜的文件保存环境，能够确保以下几个方面：

1）文件的内容不被窃取和篡改。

2）文件不被复制和删除。

3）文件载体不被盗窃。

4）文件载体不被损坏。

5）文件管理系统免受攻击。

（2）严格谨慎原则

要求文件管理人员必须严格要求自己，细心谨慎地对待文件管理工作，严格按文件管理制度进行工作，确保文件正确、有效和受控。这一原则体现在以下几个方面：

1）文件的收发、借阅与销毁必做登记。

2）做好文件的标识。

3）文件有序分类。

4）定期检查文件。

5）严守文件管理制度。

(3) 规范高效原则

优化文件管理制度，完善管理体制，使文件管理规范、经济与高效。规范高效的文件管理可以确保以下几个方面：

1）便于检索，无论何时何地需要，均可及时获得相关文件。

2）文件更改及时换发，保证文件的适用。

3）采用计算机或文件管理系统进行管理。

4）按管理流程规范工作。

5）办理业务准确无误。

2. 质量记录文件管理原则

质量记录作为一种特殊的文件，支持作业文件的有效运行，其真实性、规范性与及时性非常重要。质量记录的质量影响很多质量管理活动的有效进行，如质量问题的统计与分析、能力的研究、产品追溯和变更控制等。一旦记录文件失去了真实性、及时性及规范性，就无法确定质量管理的效果，从而失去了质量管理工作的意义。因此，记录文件的管理控制也非常重要，其管理控制原则有：

(1) 系统全面的原则

质量管理体系要求组织的所有活动都要留下证据，以证实过程的有效实施和控制，证明产品和服务符合要求。记录的要求来源于文件的规定，文件执行的证据是记录，记录与文件之间必须衔接相扣，避免互相矛盾，且每种记录编号也应是唯一的，以保证记录的可行、有效。

(2) 及时规范的原则

为便于记录的使用，记录的格式要规范统一。记录数据的填写应及时，字迹应清晰、易识读，避免修改。记录中的符号、术语等内容要与文件保持一致。若有自动记录的设备与条件，应当尽量采用自动记录的方式。

(3) 真实有效的原则

记录和文件一样，无论是空白表格还是内容的填写都必须进行严格控制。虽说记录不是受控文件，但标准的空白表格应该受控，其需进行严格的发放、使用和存档等管理。记录的填写必须认真，数据要保证真实，且要有记录人员及审查人员的签字确认，才能起到记录真正的意义。记录的存档也应统一管理，并做好登记工作。

6.2.3 文件的生命周期理论

文件生命周期理论的提出源于国外档案学者对文件中心的理论解释，是在 20 世纪文件数量急剧增长的专业背景下，由美国档案学者菲利普·布鲁克斯于 1940 年最早提出了"文件生命周期"的概念。我国许多档案学者结合我国档案工作的实际也对文件生命周期理论进行了研究，最具代表性的是中国人民大学的陈兆祦教授在 20 世纪 80 年代提出的"文件运动周期"，与国外的文件生命周期理论虽有不同，但对于文件的运动过程和规律的理解是一致的。

文件生命周期理论是研究文件从最初形成到最终销毁或永久保存的整个运动过程，是研究文件属性与管理者主体行为之间关系的一种理论，它揭示了文件运动的过程和客观规律，目的是控制文件的整个生命运动过程，实现高效的文件管理。

文件生命周期指的是文件从产生直至因丧失作用而被销毁或者因具有长远历史价值而被档案馆永久保存的完整运动过程。文件生命周期强调文件运动的一种时间跨度，包括文件的产生、使用、保存到最终处置的整个运动过程。可见，文件生命周期理论可作为指导文件全过程管理的基本理论。

文件生命周期理论论述了文件价值形态及其有规律的转化是建立文件生命周期理论的主要依据。文件在生命周期的运动过程中，会产生两种价值，一是对于形成机关具有原始价值，二是对其他机关和利用者具有从属价值。这两种价值在文件的整个生命周期运动过程中进行着规律性的变化。原始价值逐渐减弱，从属价值逐渐增强，最终实现从原始价值到从属价值的转化。

由于文件价值形态规律性的变化，文件生命周期这一完整的运动过程可划分为若干阶段，且各阶段具有不同特点。文件在每个阶段因其特定的价值形态与服务对象、保存场所和管理形式之间形成一种内在的对应关系。

根据文件生命周期理论，结合企业文件的特点，一般将文件的生命周期分为文件的产生、使用、存储和处置四个阶段。这四个阶段虽体现了文件生命周期内文件价值的转化，但在时间节点也有重合现象，如第一阶段文件产生后，会在文件管理部门进行文件存档的同时下发到使用部门。文件生命周期内文件价值转化示意图如图 6-3 所示；文件生命周期阶段示意图如图 6-4 所示。

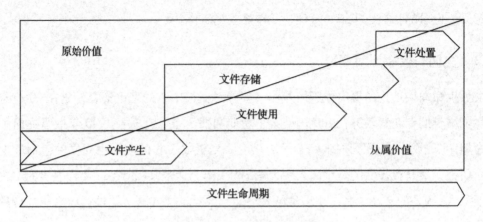

图 6-3 文件价值转化示意图

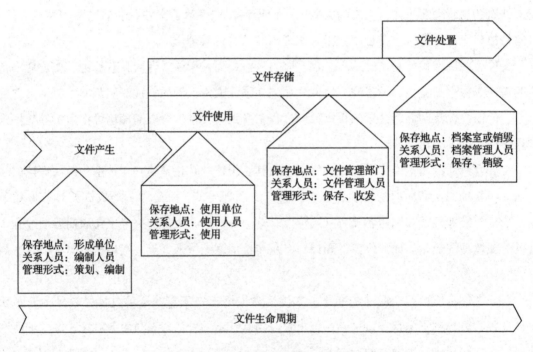

图 6-4 文件生命周期阶段示意图

6.2.4 文件管理的流程

为使文件的管理规范化,组织一般都会对文件管理流程进行策划。文件管理的整个流程包括文件的编制、处理、收发、存档和销毁等,体现了文件的生命周期。

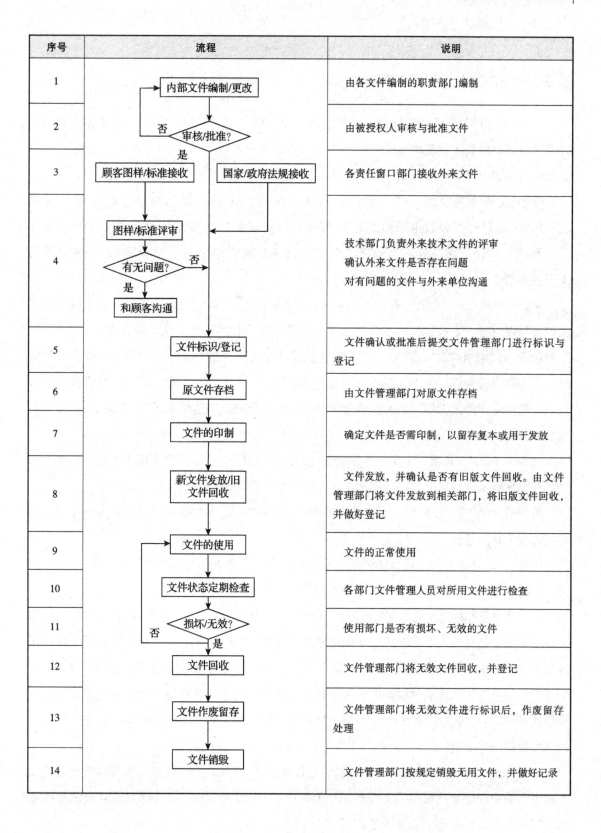

6.3 PPAP 文件与记录的保存

PPAP 的文件与记录用来确定与证明组织已经正确理解了客户工程设计记录和规范的所有要求，组织的制造过程能够持续生产和交付满足客户要求的产品。PPAP 的文件与记录作为供应商向客户提供产品的质量保证与承诺，是质量管理体系文件的重要组成部分。

PPAP 文件也是受控文件，按组织的文件管理规定进行管理与保存。若客户有规定，PPAP 文件也可以以电子形式进行保存，目前很多汽车整车厂已经推行 PPAP 提交网络系统，这种环保高效的工作模式将会得到越来越广的应用，PPAP 电子文件同样需要受控管理。

IATF 16949:2016 第 7.5.3.2.1 记录的保存条款规定："组织应形成文件化信息确定和实施记录保存过程。记录的控制应符合法律、法规、组织和客户的要求。应保存生产件批准、工装记录（包括维护和所有权）、产品和过程设计记录、采购订单（如适用）、或合同和修订。保存期限应为产品生产和服务中的有效期，再加一个日历年，除非客户或监管机构另行规定。注：生产件批准形成的文件信息可包括已批准产品适用的试验设备记录或已批准的试验数据。"

IATF 16949:2016 第 8.3.4.4 产品批准过程条款也规定："如客户有要求，组织应在发运之前获得形成文件的产品批准。此类批准的记录应予以保留。"

第四版 PPAP 手册规定："无论提交等级任何，PPAP 记录的保存时间必须为该零件生产时间加一个日历年。"

可见，PPAP 的文件和记录必须按要求进行保存，保存期限应为零件在用时间加一个日历年，即该零件经客户批准停止生产后再加一个日历年。

新产品的 PPAP 文件可以使用老产品（即已获得客户批准产品）的 PPAP 文件中适用的文件或记录。这种情况下，组织必须确保在新零件的 PPAP 文件中，已包括或引用了替代零件的 PPAP 文件中适用的记录。例如，新零件和旧零件相比只有一个尺寸变更的情况下，一个从原材料供方所取得的材料证明，可以视为旧文件中的适用文件或记录，应该被延用到新零件的 PPAP 文件中。这种使用替代零件的 PPAP 文件或记录的情况，应该在旧零件和新零件之间进行一次 PPAP "差距分析"，确认文件或记录是否适用。

IATF 16949:2016 第 7.5.3.2.2 工程规范条款规定："注：当设计记录引用这些规范或这些规范影响生产件批准程序的文件时（如控制计划、FMEAs 等），这些标准或规范的更改要求对客户的生产件批准记录进行更新。"

上述规定说明 PPAP 文件也是动态文件,当相关工程规范或其他文件发生变更时,PPAP 文件也要相应更新,以保持一致,必要时按变更要求重新提交 PPAP。

知识的积累对组织非常重要,它对组织核心竞争力的形成具有极其重要的意义。PPAP 文件也是组织知识积累的重要来源,组织可以从这些 PPAP 文件中得到经验和教训,获得知识。这些知识可用于新零件 PPAP 文件编制的借鉴、员工的学习和交流以及新员工的培训,能够有效降低文件编制人员的劳动强度,提高工作效率。PPAP 文件为组织保留了历史经验数据,也对过程控制与改进提供足够的依据,因此对组织具有很重要的价值和意义。

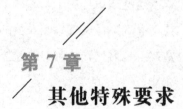

第 7 章 其他特殊要求

第四版 PPAP 手册对散装材料、轮胎、货车工业的 PPAP 特殊要求作为附录分别进行了描述。本书将这三类特殊行业的 PPAP 要求列为一章，以供参考。文中的要求是最低要求，组织可根据组织或客户的特定要求加以补充。

7.1 散装材料的特殊要求

7.1.1 说明和适用性

生产散装材料的组织必须符合散装材料的特殊要求或使用以下说明以澄清 PPAP。文中的要求是最低要求，组织可根据组织或客户的判定加以补充。

对于组织指定特殊特性的原料成分的供方，组织有责任将 PPAP 应用于该供方的该种原料成分。组织负责原料供方的 PPAP 批准。

当 OEM 对散装材料有 PPAP 批准要求时，该批准的证据要和该种材料处于供应链其他层次进行 PPAP 提交时的证据一样充分。也即是散装材料供方向组织和向 OEM 提交的 PPAP 文件要求一样充足、全面。

散装材料的定义参考附录 B PPAP 术语。散装材料 PPAP 的要求适用于以下列出的散装材料的实例，包括但不局限于以下内容：

1) 黏合剂和密封剂（焊料、橡胶类）。
2) 化学品（软化、磨光、添加剂、处理剂、颜色/颜料、溶剂）。
3) 涂料（表面涂层、内涂层、底漆、磷酸盐、表面处理剂）。

4）发动机冷却液（防冻剂）。

5）纺织品。

6）薄膜和薄膜片。

7）含铁和非铁金属（钢材原料、铝、钢卷、铸锭）。

8）铸造（砂/硅土、合金材料、其他矿物/矿石）。

9）燃料和燃料制品。

10）玻璃和玻璃制品。

11）润滑油（机油、油脂等）。

12）单分子物体。

13）前聚合体和聚合体（橡胶、塑胶、树脂及其原料）。

14）功能性液体（变速器油、动力转向油、制动油、制冷剂）。

7.1.2 散装材料要求检查表

对于散装材料，所要求的 PPAP 要素是通过散装材料检查表定义的，任何客户的特定要求必须在散装材料检查表里列出。表 7-1 所示为散装材料检查表，客户有要求时，可进行扩充。

表 7-1 散装材料要求检查表

项目：

	要求/目标日期	主要的责任		评价/条件	批准人/日期
		客户	组织		
产品设计和开发的验证					
设计矩阵表					
设计 FMEA					
产品特殊特性					
设计记录					
样件控制计划					
外观批准报告					
标准样品					
试验结果					
尺寸结果					
检查辅具					
工程批准					
过程设计和开发的验证					
过程流程图					

(续)

	要求/目标日期	主要的责任		评价/条件	批准人/日期
		客户	组织		
过程设计和开发的验证					
过程 FMEA					
过程特殊特性					
试生产控制计划					
生产控制计划					
测量系统研究					
临时批准					
产品和过程确认					
初始过程研究					
零件提交保证书（PSW）					
需要时填写的项目					
客户工厂的关系					
客户特殊要求					
文件变更					
供方的考虑					
计划同意人：姓名/职能部门		公司/职务/日期			

散装材料要求检查表按照以下说明使用：

1）要求/目标日期：对于检查表中列出的每项内容，填入该要素完成的目标时间，或没有要求时，填入"NR"（不要求）。

2）主要的责任/客户：确定将要审查和批准该要素的人员姓名或部门。

3）主要的责任/组织：确定将要收集和确保该要素完整性的人员姓名或部门。

4）评价/条件：确定可证明的信息，或确定提供关于本要素特别信息的参考附件。如：可能包括用于设计矩阵表的特定表格、测量系统分析（MSA）研究的可接受公差等。

5）批准人：输入对该要素进行审查并接受的经授权的客户代表的姓名。

6）计划同意人：确定制定并同意此项目计划的人员及其职能部门。

7.1.3 设计矩阵表

矩阵可以用来解决多维的问题，当有多种原因导致多种结果时，矩阵是比较好的选择。

矩阵将行的要素与列的要素交叉，分析每个交点的相关性或相关程度。设计矩阵表以设计的要素为行，以客户的期望为列，制成表格来分析每个设计要素对客户的多种期望的影响。

通常由提供散装材料的组织负责处理所设计产品的化学特性和功能。设计矩阵表的使用，能帮助达到进行设计 FMEA 相同的目的，且对于散装材料有更好的适用性。对于散装材料，如果对设计矩阵表有要求时，必须在设计 FMEA 制定之前准备设计矩阵表。设计矩阵表确定了配方成分的成分特性、产品特性、过程限制和客户使用条件之间复杂的相互关系，因此在设计 FMEA 中能够对有重大影响的项目进行有效的分析。

表 7-2 所示为一般喷漆设计矩阵表的一个范例。本矩阵表将客户的期望与产品设计项目关联在一起，可参考本范例设计使用设计矩阵表，说明如下：

1）沿着水平轴，列出功能（期望的属性/潜在失效模式）。

2）沿着垂直轴，列出作为潜在原因（类别/特性）的设计项目，例如配方成分、成分特性、产品特性、过程约束和使用条件（客户过程约束）等。

3）对于每一个设计项目，填入现有稳健的界限范围等级和单位。

4）使用一个数字、字母或符号来表示相关的潜在起因对潜在失效模式的影响程度，或相互关系的紧密程度。

5）在对设计矩阵表完成评分后，评审"类别/特性"栏，对特殊特性进行初步评估。在第一栏中标明特殊特性。

6）将会产生严重负面影响的潜在原因转入设计 FMEA 进行分析。

7.1.4　设计 FMEA

由于散装材料的特殊性，PPAP 手册对散装材料的设计 FMEA 给出了建议选择性的方法，主要包括失效后果与严重度级别的确定、设计矩阵表的使用、频度级别的确定、现行设计控制、探测度级别的确定。这些内容作为《潜在失效模式和后果分析》手册的补充，适用于散装材料的设计 FMEA。有关设计 FMEA 详细信息参考《潜在失效模式和后果分析》手册和第 3.2.4 节设计失效模式及后果分析的内容。

1. 失效后果和严重度级别

以下两个步骤对确定潜在的失效后果和为严重度定级提供了一种选择性的方法。

1）第一步，列出失效后果：

①对消费者的影响：描述由最终产品使用者体验到的损失（如轿车买主）。

②对客户的影响：描述由产品中间使用者体验到的损失（如车辆制造者、模块制造者）。

表 7-2 设计矩阵表范例

产品代码/描述：xxR-yyy 底漆喷涂　　　　功能——期望的属性（潜在失效模式）　　　　项目编号：00001

初期特殊性	类别/特性	潜在起因		单位	外观							性能							潜在失效模式											
		失效	牢靠的界限范围		良好的光泽/感光/脱皮	没有纹路	没有针孔	没有裂纹	没有灰粒/颗粒	没有凹洞	良好的颜色对比	良好的耐老化	良好的耐后性	良好的抗粉碎	良好的抗剥离	良好的抗龟裂	良好的修护黏性	良好FMVSS工艺性(前档胶)	良好的抗流率	良好的黏性/雾化	良好的贮存稳定性	良好的循环稳定性	稳定的流变	无渐进位动	良好的遮盖度	良好的覆盖相容性	良好的修复加工性	环境/低可接受的VOC	低/可接受的气味	HAPS相容
	配方成分																													
	树脂A	低于	40%	黏合剂颗粒	3	3	1	1	1	1	1	2	3	2	1	1	1	1	2	1	1	2	2	1	1	0	1	1	1	1	1
	树脂A	高于	5%	"	3	1	1	1	1	1	0	2	2	1	1	1	1	1	2	1	1	2	2	1	0	1	1	1	1	1
	树脂B	低于	25%	"	1	1	1	1	1	1	0	1	2	2	1	1	2	1	1	1	1	2	2	1	1	0	1	2	1	1	1
	树脂B	高于	35%	"	1	1	1	1	2	2	1	2	2	3	1	1	2	2	1	1	1	2	2	1	1	1	1	1	1	1
	结合剂	低于	20%	"	1	2	1	1	2	2	1	2	2	3	1	1	2	2	1	1	1	2	2	1	0	2	2	1	2	2
	结合剂	高于	30%	"	1	2	1	1	1	1	1	1	1	2	1	3	2	1	1	1	2	3	2	1	0	1	2	1	3	1
SP	流变控制添加剂	低于	0.05%	总颗粒数	1	1	1	1	1	1	1	1	1	1	1	1	1	1	3	2	3	2	2	3	1	1	1	1	1	1
	流变控制添加剂	高于	2.5%	"	1	1	1	2	2	1	1	1	1	1	1	1	1	2	2	2	2	2	2	1	1	1	1	1	1	1
	色散剂B	低于	1.00%	总颗粒数	1	1	1	1	2	1	1	2	1	1	1	1	1	2	1	1	1	1	2	1	1	1	1	1	1	1
	色散剂B	高于	2.00%	"	2	1	1	1	1	1	1	2	1	1	1	1	1	2	1	1	1	1	2	3	1	1	1	1	1	1
	溶剂D	低于	5%	配方重量比	3	1	1	1	1	1	2	1	1	1	1	1	1	2	3	2	2	1	2	2	0	2	1	2	1	1
	溶剂D	高于	15%	"	2	1	1	2	1	2	0	1	1	1	1	1	1	1	2	1	2	2	3	0	2	1	3	2	1
	酒精溶剂	低于	2%	配方重量比	1	1	1	1	1	1	1	1	1	1	1	1	1	1	1	1	1	1	1	1	1	2	1	1	1	1

第7章 其他特殊要求

类别		特性	偏差	值	单位																									
成分特性		树脂A-黏度	低于	4%	"	1	1	1	1	1	1	1	1	1	1	1	1	1	1	1	1	1	1	1	3	2	3			
	SP	结合剂-(-NH)%	低于	30%	平衡(#1@50)	3	2	1	1	1	2	0	1	1	1	1	2	2	3	1	1	1	1	1	1	0	1			
			高于	40%	"	1	1	1	1	1	1	1	2	2	3	1	3	2	1	1	1	2	1	1	1	1	1			
		结合剂-(-NH)%	低于	1%	%磨碎分子	1	1	1	1	1	1	0	1	1	1	1	1	0	2	1	0	0	0	0	0	0				
			高于	10%	"	1	1	3	2	3	2	1	1	1	1	1	1	0	3	1	1	1	1	1	1	1				
产品特性																														
	SP	黏度	低于	30sec	4号福特杯	2	1	2	1	1	1	2	3	3	2	3	1	2	1	1	0	1	1							
			高于	40sec	"	1	1	1	1	1	1	3	1	3	1	1	1	1	1	1	0	1	1							
	SP	%NV 固体	低于	57%	%N,V,@110°C	1	1	2	2	1	2	2	2	2	3	2	2	2	2	1	3	1	1							
			高于	61%	"	1	1	1	1	1	1	1	2	3	2	2	2	2	1	1										
		电阻抗	低于	0.01	MΩ	2	1	0	0	2	0	0	0	1	3	1	1	0	2	1	1	1	1							
			高于	0.15	"	1	1	0	0	3	0	0	0	1	3	1	1	0	2	1	1	1	1							
过程约束																														
使用条件		批量混合温度	低于	70°	°F	1	1	2	2	1	2	1	3	2	3	1	1	2	1	1	1	1								
			高于	110°	"	2	1	1	3	2	1	1	3	1	3	1	1	3	2	1	1	1								
		清理前反应时间	低于	1	min	3	1	3	2	1	1	1	1	1	1	1	1	2	1	0	0	1	1							
			高于	3	"	2	1	2	1	1	1	1	1	1	1	1	1	1	2	1	1	0	1							
	SP	最终烘烤温度	高于	250°	°F	2	1	0	3	2	2	3	3	3	2	3	3	3	2	1	1	1	1							
			低于	275°	"	3	1	1	3	3	3	2	2	2	3	2	2	3	3	1	1	3	1							

对客户期望的负面影响: 高=3; 中=2; 低=1; 无=0; 未知=?

2) 第二步，对每一种影响确定一个严重度等级：

严重度的定义和评估准则可参考《潜在失效模式和后果分析》参考手册和第 3.2.4 节设计失效模式及后果分析的内容。

对每个项目计算风险顺序数（RPN）值的目的，是为了对该类别中的项目进行区分。表 7-3 提供了一种严重度评级指南。根据组织所生产材料的实际情况，如果该指南级别准则中只有一部分适用，组织应制定一种适合自己的定级标准，以提高对不同影响因素的区分能力。如果组织处于在最终消费者之前还有两层以上的客户层级，那么应该对本指南的表格进行调整，以反映出客户的客户所感受到的影响。

表 7-3 失效后果和严重度级别

拥有者	失效后果	严重度
消费者（如：车辆购买者）	所有者的安全问题	10
	所有者非常不满意（失去消费者忠诚度）	8
	所有者的中度不满意（不方便）	6
	所有者略不满意（烦恼）	4
客户（如：车辆制造者）	制造厂安全问题	10
	可能导致车辆召回	9
	生产线运行中断	8
	加大保修成本	7
	报废	7
	管理规定的处罚	7
	中度的返工（如：<20%或中度的返修）	5
	制造厂不满意	4
	较少的返工（如：<10%或简单的返修）	3

2. 潜在失效的起因/机理和设计矩阵表

如果使用设计矩阵表，可利用设计矩阵表列出有严重负面影响的特性，作为与潜在失效模式相关联的潜在失效起因/机理。

机理通常被描述为超过或低于某一特定的限值，这些限值定义了产品批准和变更通知后续需求的界限。

设计矩阵表详细内容参考第 7.1.3 节设计矩阵表。

3. 频度级别

《潜在失效模式和后果分析》手册中描述的评价准则很难用于散装材料，若使用《潜在失效模式和后果分析》手册中的评价准则,通常得到的频度数值很低,这将难以对最终因素进行区分。

PPAP 手册对散装材料设计 FMEA 频度级别的确定提供了一种可供选用的方法。建议使用表 7-4 所示的矩阵表作为替代方法,这种方法根据在设计中观察到的形成因素,作为证据来对失效的频度进行评估。

表 7-4 频度矩阵表

规划频度级别	频度		
证据的类型	低	中	高
实际经验	1	4	7
类似经验	2	5	8
假设	3	6	9
无任何背景资料			10

说明:

1) 实际经验:由对特定的最终产品及潜在失效模式进行适当的试验获得。

2) 类似经验:以类似的产品或过程和潜在的失效模式为依据。

3) 假设:以对材料的化学影响和潜在失效模式的清楚理解为依据。

4) 频度级别:

①高:定义为重复的失效。

②中:定义为偶尔的失效。

③低:定义为几乎没有失效。

4. 现行设计控制

散装材料的现行设计控制作为《潜在失效模式和后果分析》手册的补充,还可以包括以下内容:

1) 试验设计(Design of Experiments,DOE):列出试验编号。

2) 客户确认试验和量产试验:如仪表板砂粒度、挡泥板喷涂等(列出客户的参考编号)。

3) 试验规则:列出试验方法、标准操作程序等。

4) 分供方规范的变差。

5) 形成实际的稳定范围。

对设计控制应该有一个编号作为标示,以便了解该控制的有关内容。

5. 探测度级别

对于探测度级别，在《潜在失效模式和后果分析》手册中描述的定级标准，很难用于散装材料。和频度级别的确定一样，若使用《潜在失效模式和后果分析》手册中的定级标准，探测度级别通常也会是一个很低的数值，难以对最终因素进行区分。

表7-5为PPAP手册提供的探测度矩阵表，为散装材料设计FMEA的探测度定级提供了一种可选用的方法。它是基于经过评估的测试方法的重复性与再现性占规格范围的百分比（见《潜在失效模式和后果分析》参考手册）和证据的数量，评价现有的设计控制对失效起因和/或失效模式的实际探测能力。

表7-5 探测度矩阵表

由设计控制的探测	试验方法重复性与再现性		
证据的数量	<30%	30%~100%	>100%
DOE（反应面分析）	1	2	7
筛选试验	3	4	8
假设/经验	5	6	9
无任何证据			10

说明：

1）DOE（反应面分析）：用适当的统计工具进行对称的设计间隔分析。

2）筛选试验：战略性的设置用于发展DOE的筛选设计或阶梯评价。

3）假设/经验：基于类似产品或过程的信息/数据。

若没有客户和组织一致同意的其他准则，建议采用表7-5中的再现性与重复性范围。再现性与重复性的计算，最初可基于使用设计矩阵表中的界限范围。

7.1.5 过程FMEA

PPAP手册对散装材料的过程FMEA的严重度级别、频度级别、探测度级别的定级做了详细描述。这些定级标准可作为《潜在失效模式和后果分析》手册的补充，更适用于散装材料的过程FMEA。表7-6~表7-8分别为散装材料严重度、频度、探测度的定级指南。有关过程FMEA详细信息参考《潜在失效模式和后果分析》手册和第3.2.6节过程失效模式及后果分析的内容。

表 7-6　严重度级别

失效后果严重度	级别
非常高：潜在的失效模式可能会导致生产现场失效（9），或构成安全性危害，或不符合某项政府法规的要求（10）	9~10
高：由于失效的性质导致客户高度不满意。可能会导致后续产品加工过程的严重中断或导致产品不能满足其销售规范，会导致客户投诉和产品退货。在客户进行最终产品试验过程中，这种失效有可能被查出来	7~8
中等：失效会引起客户有些不满意，且可能导致客户投诉或对储存寿命的限制。客户可能需要对他们的过程进行修改或调整以适应材料。这样的问题有可能在进货检验或使用前被查出来（4）。该问题在加工过程中可能被发现（5）。该问题将在后续的加工工序中被发现（6）	4~6
低：失效只会引起客户轻微的恼怒。客户将注意到产品或产品加工只有一些轻微的劣化或不便	2~3
微弱：客户合理地认为该失效的微弱性对产品或其加工不会引起任何实质性后果。客户甚至可能注意不到这种失效	1

表 7-7　频度级别

失效的频度	级别
非常高：失效几乎总是不可避免的。开发额外的过程以解决失效问题	9~10
高：类似的过程曾有过发生重复失效。该过程不处于统计受控状态	7~8
中等：类似的过程曾有过偶尔失效，但比例不大。过程是处于统计受控状态	4~6
低：类似的过程有个别案例的失效发生	3
非常低：几乎同样的过程只有个别案例的失效发生	2
极低：不太可能有失效发生。几乎相关同样的过程从未发生失效。过程处于统计受控状态	1

表 7-8　探测度级别

缺陷发生的可能性及其在过程中的位置	级别
绝对的无法探测：现有控制不会或不能发现存在的缺陷	10
非常低：供方现有的控制不大可能发现存在的缺陷，但是缺陷可能被客户发现	9
低：现有控制可能会发现失效的存在，但是直到产品进行包装时可能才会发现缺陷	7~8
中等：现有控制可能会发现失效的存在，但是直到批量验收试验完成才会发现。变化性大的试验将具有较高的级别	5~6
高：现有控制有较好的机会在制造过程完成之前发现存在的缺陷。用过程中的试验来对制造过程进行监控	3~4
非常高/早期：现有控制几乎是在制造过程中，在产品移动到下一工序前，肯定能发现缺陷的存在。重要的原材料是通过组织的规范进行控制的	1~2

7.1.6 特殊特性

1. 特殊特性说明

如果有正常变差的产品特性/属性,超出设计预期的稳健范围便会导致重大影响,则将这些特性/属性指定为特殊特性。特殊特性必须通过特殊的控制方法加以控制。特殊特性的定义参考附录 B PPAP 术语。表 7-9 所示为从材料到最终产品流动过程中的特殊特性的说明及特殊特性符号的说明。

表 7-9 特殊特性说明表

序号	项目	说明	举例
1	特殊特性	对于散装材料,经常发生的是从散装材料到最终产品的转化	材料流动到最终产品的过程说明如下(如,固体树脂 A 的百分比,预计 UVA 的百分比)。这些不一定成为特殊特性
		应该了解散装产品特性(所提供产品的特征)和最终属性(所加工转化后产品的特征)间的不同	产品特性的例子:黏度、%NV 固体、%树脂 A 最终产品属性的例子:外观、薄膜结构、FMVSS 安全性、耐久性
		在设计阶段,产品特性可以作为最终产品属性的控制(这并不意味着它们是控制特性)。在散装材料制造过程中的工艺参数是控制特性	制造过程参数(控制特性)的例子:温度、压力、混合速率、试验规则
		在散装产品到最终产品转化期间,散装产品特性和最终产品属性均可由客户过程控制特性进行控制	客户加工转化过程参数(控制特性)的例子:流体流速、温度/湿度、空气压力
2	客户指定的特殊特性的符号	组织可以在其作业文件中对特殊性指定组织的内部符号	组织可选择使用"S"(安全)、"SP"(特殊)或"K"(关键)等符号
		对于客户指定/确定的特殊特性,在客户要求的文件和要求的交运标签上,将使用客户规定的符号	当要求对客户确认的特殊特性进行标识时,应使用客户指定的盾形、三角形、菱形等符号

2. 特殊特性的详细说明

为进行详细说明,在 PPAP 手册中用示意图展示在整个供应链中潜在特殊特性的流动,如表 7-10 所示。

表 7-10 材料到最终产品的流动

项目A（油漆）	项目B（油漆）	项目C（密封胶）
供方（第二层） 散装产品特性 （原材料） 固体树脂"A"比例	供方（第二层） 散装产品特性 （原材料） UVA的纯度测定	供方（第二层） 散装产品特性 （原材料） 聚合体黏度
⇩	⇩	⇩
供方（第二层） 制造控制特性 树脂合成温度	供方（第二层） 制造控制特性 最终反应保持时间	供方（第二层） 制造控制特性 终端封组给进速度
⇩	⇩	⇩
组织（第一层） 散装产品特性 油漆黏度	组织（第一层） 散装产品特性 预期UVA的比例	组织（第一层） 散装产品特性 %密封胶中的聚合物
⇩	⇩	⇩
组织（第一层） 制造控制特性 储存槽中混合比例	组织（第一层） 制造控制特性 校准刻度	组织（第一层） 制造控制特性 聚合物给进速率
⇩	⇩	⇩
顾客转化 控制特性 %溶剂稀释比例	顾客加工转化 控制特性 流体流速（对于薄膜形成）	顾客加工转化 控制特性 挤出机挡珠尺寸
⇩	⇩	⇩
最终产品属性 薄膜形成：无垂陷	最终产品属性 良好的耐久性	最终产品属性 无泄露密封胶

7.1.7 控制计划

PPAP 手册对散装材料控制计划的作用及使用做了说明。有关控制计划的格式等信息参考《产品质量先期策划和控制计划》手册和第 3.2.7 节控制计划中的内容。

1. 说明

散装材料控制计划的作用是：

1）描述产品/过程的特殊特性及其控制方法。

2）将控制方法、指导书和规范/公差限值这些来源联系在一起，并在同一文件中引用。

另外，散装材料控制计划并不打算对在其他控制文件（如批量票据、作业指导书和试验规则）中存在的规范和/或公差限值重新进行约定。

2. 控制计划的详细说明

1）样件（要求时）：列出用于为评估一项试验或开发项目的所有试验、评估及其相关的规格/公差。或许这仅是特定于产品的控制计划。

2）试生产：对产品/过程控制特性、影响特殊特性的过程控制、相关的试验以及在产品形成规模和正常生产之前采用的测量系统等形成文件。

3）生产：对产品/过程控制特性、影响特殊特性的过程控制、相关的试验以及在产品形成规模和正常生产过程中使用的测量系统等形成文件。根据组织的判定，还可以包括其他内容。

试生产或生产控制计划可适用于系列产品或特定的过程。

7.1.8 测量系统分析研究

由于散装材料的特性，通常是在取样之后需要进一步的加工，然后再进行测量。并且，测量通常是具有破坏性的，因此不能对同一个样品重复进行试验。

加工工业中重要特性的测量（如黏度、纯度），往往比机械行业特性的测量（如尺寸）的变差大得多。其测量变差可能会占总观察到的变差的 50%，甚至更多。

通常使用标准化的试验方法（如 ASTM、AMS、ISO）[一]进行试验。组织不需要重新验证偏移、线性、稳定性和量具重复性与再现性。

若使用标准化试验的情况下，不要求进行 MSA 研究，但是对于组织来说，了解所采用

[一] ASTM 指 American Society of Testing Materials，美国材料实验协会。
AMS 指 American Military Standard，美军标准。

试验方法中的测量变差仍然很重要。

对于 MSA 的实际要求，不论是非标准的试验方法，还是"供方全新"的试验方法，组织应该在策划阶段与客户达成一致。

对与特殊特性有关的每一试验方法均应该进行 MSA 研究，而不是某一测量方法对每一件产品进行 MSA 研究。因此，MSA 研究应该尽可能广泛地覆盖使用某一特定试验方法的所有产品。如果产生的变差性不可接受，那么应该在更窄的产品范围内进行研究，或应该采取某种措施改进试验方法。

有关测量系统分析的详细知识参考《测量系统分析》手册和第 3.2.8 节测量系统分析研究中的内容。

7.1.9 特殊特性初期过程研究

散装材料的制造包含了跨越多样生产过程的不同行业，从大批量产品的制造到每年不超过一次或两次的少量特种产品的制造，通常在对足够多的样品进行试验之前，生产过程就已经完成或已经开始了。当产品再次进行制造时，人员和/或设备可能已经改变了。而且，这些过程还有大量的输入变量、许多控制的变差、大量的产品变化，还有非线性存在，例如：对某一特定的输入进行成倍的改变，不一定会对输出也引起成倍的变化。所有这些变差和控制之间的影响和关系，通常在理解上也有很多误差。很多过程通常都是相互关联的，有时带有反馈循环，有时会有时间进度的考虑和反馈时间的延迟。此外，对变差的测量往往不如对零件测量那样精确，在许多情况下必须使用相关的变差。

有关过程能力研究的详细知识参考《统计过程》手册和第 3.2.11 节初始过程研究中的内容。

7.1.10 标准样品

某些散装材料的性质随时间而变化，若客户对散装材料的 PPAP 有标准样品的要求时，应由客户和供方达成一致，提供标准样品或等效的标准样品。散装材料的形式主要有：

1. 实物样品

有些散装材料在一定时间内是稳定的和不改变的（比如某些散装材料若在合适的条件下贮存，其物理或化学成分在几十年内都没有显著变化）。在这种情况下，实物样品将作为标准样品。

2. 分析样品的记录

有些散装材料随时间而发生变化，但这种变化可通过适当的分析技术来精确地量化。在这种情况下,分析记录(如,紫外线或红外线光谱图、原子吸收或气相色谱-质谱联用分析)是一种合适的标准样品。

3. 制造样品记录

当散装材料不能被明确地识别或随时间而变化时,应该建立一个制造样品的记录。根据支持 PSW 的最终"生产控制计划",该记录应该包括"正常量产规模"(批次或批量)下进行生产所要求的资料。该记录对可能贮存在不同文件和/或电脑系统中的资料提供了一份"评审路径"。以下是对于完成本项工作所建议的基本信息:

1)生产产品的数量。
2)重要的性能结果。
3)使用的原材料(包括制造商的批次编号和重要特性记录)。
4)为制造该种散装材料所要求的关键设备。
5)对于所生产用材料的分析样品记录。
6)用于制造该种散装材料的批量标签。

表 7-11 ~ 表 7-13 为散装材料制造标准样品记录的示例(油漆制造标准样品记录),包括批量/批次制造记录、产品试验结果和分析成分的证明。

表 7-11 油漆制造标准样品记录 - 批量/批次制造记录

制造场所: 1号工厂	制造日期: 12/5/97	批次编号: 1X97
产品代码: xxR - yyyy 底漆	产品名称: 白色底漆	配方日期: 1/18/97
要求的重量: 1000USgal		
设备识别号: 2号混合器		

试验信息			
	名称	试验方法	规格
	重量/USgal	TM001	10.5~10.70
	非挥发性(%)	TM004	57~61
	黏度/s	TM003	30~40

成分	数量	加载量	批次/桶号	日期/时间	操作者签字
按顺序加入,混合					
树脂 A	1000lb	999lb	AB345	12/5/97 9:35AM	
树脂 B	500lb	501lb	CD678	12/5/97 10:35AM	
控制混合温度,不超过105℉,温度记录 = 初始					
交联剂	100lb	100lb	AC250	12/5/97 10:35AM	

(续)

装箱说明 容器： <u>250USgal</u> 过滤： <u>25微米袋</u> 标签： <u>根据合同</u>

注：1. 1USgal = 3.78541dm³。
　　2. 1lb = 0.45359237kg。

表 7-12　油漆制造标准样品记录 – 产品试验结果

产品代码： <u>xxR – yyyyy 底漆</u>　　　　　　　　产品名称： <u>白色底漆</u>
制造场所： <u>1号工厂</u>

日期	批量号	批量数/USgal	重量/USgal	非挥发性（%）	黏度/s	说明
			TM001	TM004	TM003	
			10.50 ~ 10.70	57 ~ 61	30 ~ 40	
12/5/97	1x97	1000	10.59	59.6	34	OK

表 7-13　油漆制造标准样品记录 – 成分分析证明

分析证明			
材料名称：薄膜树脂　　　　批次/批量号：AB345			
材料代码：树脂 A			
	规范要求		结果
	最小	最大	批次/批量
非挥发性（%） （TM004）	57	61	58.8
pH （TM005）	7	7.3	7.2
			证明签字：_____ 日期：_____

7.1.11 零件提交保证书

当客户有要求时，必须填写零件提交保证书并提交批准。如果客户通知不要求进行 PPAP，则不需要填写零件提交保证书。对于提交保证书要求填写的内容中，不适用于散装材料的内容（如零件重量、尺寸测量），则不需要填写。

对于由客户分类为"自我认证"的组织，必须将仅由组织签字的保证书提交，以作为 PPAP 批准的证据，除非组织得到其他的建议。对于所有其他的组织，PPAP 批准的证据必须是由经授权的客户代表和组织共同签署的零件提交保证书或其他客户批准的文件。

零件提交保证书的填写说明详见第 3.2.18 节零件提交保证书中的内容。

7.1.12 临时批准

大部分产品在开始使用前都将得到批准。在不能获得批准的情况下，可能会获得"散装材料的临时批准"，表 7-14 为散装材料的临时批准表，表 7-15 为该散装材料临时批准表的填写指南。散装材料临时批准也可使用其他的表格。关于批准的详细信息参考第 5.3.2 节客户的 PPAP 状态中的内容。

表 7-14 散装材料临时批准表

供方名称：①		产品名称：②	
供方代码：③		工程规范：④	
制造厂址：⑤		零件编号：⑥	
工程变更编号：⑦		配方日期：⑧	
接收日期：⑨		接收人：⑩	
提交等级：⑪		到期时间：⑫	
追踪编号：⑬		再提交日期：⑭	
状态：（NR-不要求，A-批准，I-临时）⑮			
设计矩阵表： DFMEA：		产品特殊特性：	工程批准：
控制计划： PFMEA：		过程特殊特性：	过程流程图：
试验结果： 过程研究：		尺寸结果：	标准样品：
测量系统研究：		外观批准报告：	
授权材料的规定数量要求（如果适用）：⑯			
试生产（trial run）授权编号：⑰			
临时批准的原因：⑱			
待解决的问题、预期完成的日期（按工程、设计、过程或其他分类）：⑲			

(续)

```
在临时批准期间将完成的措施，生效日期：____⑳_____
_____
进度评审日期：_____㉑_____    材料预期到厂日期：_____㉒_____
正采取何种措施以确保将来在样品承诺日期之前，提交会符合所有的 PPAP 要求？
_____㉓_____

供方（授权签字）_____㉔_____         电话：_____
    （印刷体）  _____         日期：_____
客户批准（需要时）                       电话：_____    日期：_____
产品工程师（签字）_____㉕_____         _____
    （印刷体）  _____
材料工程师（签字）_____㉖_____         _____
    （印刷体）  _____
质量工程师（签字）_____㉗_____         _____
    （印刷体）  _____
临时批准编号：_____㉘_____
```

表 7-15 散装材料临时批准表填写指南

代号	栏目	填写说明
1	组织名称	指定的制造地点的组织名称
2	产品名称	组织为产品指定的名称，即在客户发布的工程文件上确定的名称
3	供方/供货商代码	对指定的制造地点，客户在采购订单上给出的编码（DUNS 编码或等效编码）
4	工程规格	客户确定的规范，依此进行产品的批准和发放
5	制造厂址	在客户采购订单上列出的制造现场的实际地址
6	零件编号	客户的零件编号
7	工程变更编号	配方修订级别或配方的编号
8	配方日期	在第 7 项中确认配方的工程发布日期
9	接收日期	仅供客户使用
10	接收人	仅供客户使用（客户代表）
11	提交等级	由客户规定，要求组织提交的等级（1~5）
12	到期日期	临时批准的到期日期
13	追踪编号	仅供客户使用
14	再提交日期	为了获得生产批准，组织再次重新提交的日期
15	状态	对于每个项目，填入适当的编号（NR-不要求，A-批准，I-临时）
16	授权材料的规定数量要求	当为临时批准指定产品的具体数量时使用
17	试生产（trial run）授权编号	授权在客户工厂中使用该产品的客户工程版本

(续)

代号	栏目	填写说明
18	临时批准的原因	说明临时申请的原因
19	待解决的问题和预期完成的日期	在第15项中标有"I"的项目,提供有关问题详细的说明以及解决问题的日期
20	在临时批准期间将完成的措施以及生效日期	为确保缺陷产品受到遏止,都采取了什么措施?实施纠正措施的日期,以及结束继续采取措施,或结束个别项目所要求的"退出准则"是什么
21	进度审查日期	更新问题解决的进程,通常是在临时批准期间,由发布到期满的中间点
22	材料预期到厂时间	材料预期到达客户所在地的时间
23	正采取何种措施以确保将来在样品承诺日期之前,提交会符合所有的PPAP要求	说明为什么不会再次发生此问题
24	供方	组织负责人或授权人员签字,印刷体姓名,电话和日期。确保遵守上述提到的措施和日期
25	产品工程师	产品工程师签字,印刷体姓名,电话和日期
26	材料工程师	材料工程师签字,印刷体姓名,电话和日期
27	质量工程师	质量工程师签字,印刷体姓名,电话和日期
28	临时批准编号	仅供客户使用

7.1.13 客户工厂的关系

1. 客户的职责

客户工厂关系是将供应散装材料的组织和客户的职责进行分摊。该关系定义了特定的客户工厂中带有特殊特性的加工步骤和散装材料与最终产品属性的相互关系。当散装材料发生化学或物理转化时,这种相互关系的意义尤为显著。客户工厂关系有三个关键部分,即客户过程矩阵的建立、根据客户过程矩阵确定特殊特性,以及在编制控制计划时系统地纠正措施。对于散装材料,强烈推荐采用在"客户工厂关系"中列出各个步骤。

注:危及隐私信息的安全并不是PPAP的意图。

2. 客户工厂的关系说明

以下内容适用于由部分散装材料(如灌装内的液体油漆)加工转化为最终产品(固化的油漆膜),并不适用于所有的散装材料(如清洗液、机油等)。根据组织和客户达成一致的协议,组织有责任向客户按要求交付散装材料特性的产品。

客户工厂的散装材料转化过程,对最终产品属性的影响可根据客户的应用过程进行考虑。从散装产品到最终产品的加工转化期间，客户过程控制对散装产品特性和最终产品属性都有影响。

PPAP 对客户的过程不要求制订过程 FMEA 或控制计划。由于产品通常指两类产品（散装原料和最终产品），那么最终产品的属性是双重责任的体现。例如：散装涂料的固体比例和黏度会影响最终涂层覆膜的属性，它又会受到客户混合时溶剂稀释比例的影响。因此就可以通过控制稀释比例降低这一过程参数的影响，以帮助控制薄膜的形成。在客户工厂中进行的各个过程步骤可以与特殊特性进行对照（特殊特性由组织和客户共同确定）。若某些步骤明显有严重影响，可以用过程 FMEA 方法对这些步骤进行分析。

特殊特性得到确定，并可包含在客户过程的控制计划中。可以对这些特殊的控制特性项目进行监控，并持续改进。

3. 客户工厂的关系指南

当对散装材料实施过程控制时，以下是对客户工厂推荐的一套指南。

1）对于每一客户过程区域，成立由客户人员组成的跨职能小组。每个小组中应包括适当的组织代表。

2）明确每一小组的负责人，他们是客户过程的所有者（如过程总工程师、区域主管等）。

3）在每个区域确定关键的客户加工处理、应用步骤和过程参数。

4）对于指定为特殊特性的应用功能项目，评审组织的设计矩阵表和设计 FMEA。还要对最终产品属性中需要控制的项目进行审查。

5）由第 4 步的结果，可生成一个特殊特性和属性的清单。

6）建立一个客户过程矩阵表（表 7-16），使用第 3 步的结果作为矩阵的表头，第 5 步的结果作为矩阵的左列。

7）进行客户过程 FMEA，主要针对有严重影响、会影响到特殊特性的客户过程区域层面。

8）由客户过程矩阵表和 PFMEA 的结果确定特殊特性（如油漆流速、喷枪距离等）。

9）对每一个受到影响的客户过程区域制订控制计划。该控制计划中至少包含特殊特性的所有过程步骤。

10）由适当的方式（控制图、检查表）对所有特殊特性进行监控和记录。

11）确保特殊特性的稳定性，尽可能地持续改进。

表 7-16 客户过程矩阵表示例

特殊特性和属性	客户加工处理、应用步骤和过程参数									
	油漆稀释比例	油漆流动性	喷枪雾化	喷枪激起空气	喷枪性能	喷枪距离	喷枪清洗盒	烘干室温度	烘干室湿度	烘烤温度
污垢检查	1	1	2	3	3	1	3	1	3	1
覆膜	3	3	2	2	2	3	1	1	1	1
凹陷	2	3	2	1	1	3	1	1	1	2
爆裂	2	3	3	1	1	2	1	3	1	3
剥落	3	2	3	2	2	2	1	1	2	2
隐匿性	1	3	1	1	1	3	1	1	1	1
附着性	1	1	1	1	1	1	1	1	1	3

影响度打分：3＝高；2＝居中；1＝低。

7.2 轮胎的特殊要求

7.2.1 说明和适用性

轮胎作为汽车的特殊产品，PPAP 手册在附录中列出了其 PPAP 的特殊要求，通用要求参见第 3 章 PPAP 的过程要求。

供应轮胎的组织必须符合 PPAP 的要求。

PPAP 手册附录可用作阐明要求的指南，除非经授权的 OEM 客户代表另行规定。

基于每个 OEM 选择轮胎结构（技术批准）的设计要求，在 PPAP 中可以减少重复全部试验的需要。特定的 PPAP 确认试验由每个 OEM 规定。

7.2.2 PPAP 要求指南

1. 有效的生产

除非 OEM 规定，否则用于 PPAP 的零件生产数量至少为 30 个轮胎。这个定义适用于进行 PPAP 的所有"有效生产运行"要求。

通常在一种新轮胎的开发设计过程中，会包含多次少量轮胎的制造。多数设计要基于组织的过程。对于轮胎工业，PPAP 通常是用一个或多个初期模具完成的，而且是在客户要求进行大批量生产之前完成的。

对于轮胎工业的 PPAP 样品，通常是从组织控制计划规定的经批准的生产过程的 1～8h 轮胎固化过程中进行取样的。

对于已批准的生产过程，生产线上所使用的附加模具不要求进行 PPAP；所有附加模具可通过组织内部认证准则及文件进行认证。

对于轮胎，工装定义为轮胎模具，此工装的定义适用于在 PPAP 中所有使用的"工装"。

2. 材料试验结果

该试验仅适用于轮胎成品，不适用于原材料。轮胎工业的惯例不要求进行化学、物理或金相试验。PPAP 不要求材料试验结果。

3. 特殊特性

轮胎的一致性（力的变差）和平衡是指定的特殊特性。

4. 外观批准报告（AAR）

AAR 的要求不适用。

5. 标准样品

标准样品不用保留。

6. 过程流程图

参见第 3.2.5 节过程流程图。

7. 检查辅具

不要求检查辅具。

8. PPAP 提交保证书

在轮胎的 PSW 中，不要求多腔模、多模具、多生产线等的报告。

9. 零件重量（质量）

进行 PPAP 时，轮胎称重精确到小数点后两位（××.××），然后将平均值填到 PSW 上，保留四位小数（××.××××）。

7.2.3 客户提交要求的证据等级

轮胎的 PPAP 保存/提交要求参见表 5 – 3 PPAP 提交的证据要求，提交（S）和保存（R）项目的记录保存在组织指定的合适地点。

7.3 货车工业的特殊要求

7.3.1 说明和适用性

与货车 OEM 签约供货的组织必须符合本节要求，或使用此指南进行 PPAP 声明。本节的要求是最低要求，可根据组织或客户的决定加以补充。通用要求参见第3章PPAP的过程要求。

货车工业的PPAP增加了以下附加要求：

1）客户有权在任何时候要求PPAP以重新认证生产零件。

2）特性基础过程或派生零件编号的零件，可以使用最高配置技术状态进行PPAP，以认证主零件编号。所有其他配置技术状态可以通过提交一个与主零件编号连接的新零件编号的PSW进行批准。

3）对于散装材料和标准目录零件，组织必须正式证明他们的产品符合设计记录，并当客户需要时提交PSW。

7.3.2 有效的生产运行

在量产前进行有效的生产运行期间，生产足够数量的零件以确认质量和生产过程的能力是非常重要的。在低产量的情况下，可以利用30件这样的小样本量进行初始过程能力研究。

进行此有效生产运行时，如果可行，生产过程内所有方面的变差应被考虑和试验。例如：设置变差或在PFMEA中识别的其他潜在的过程相关问题。

样本容量必须在APQP过程早期进行讨论并达成一致。如果计划的数量很低，以至于在生产前无法获得30件样品，那么可以临时批准PPAP。但要求在临时批准期内的尺寸报告对特殊特性进行100%检验。一旦30件连续生产样品得以生产并测量，质量指数得以计算并被接受，那么临时批准可以改为批准。

7.3.3 尺寸结果

组织必须提交尺寸结果，作为PPAP文件包的一部分，使用唯一识别编号确定每个尺寸、试验和/或规范的图样复印件。这些唯一编号必须被输入在适用的尺寸或试验结果表单上，并在适当的表单上填入实际结果。组织也必须适当地为每个编号的特性确定标示区域。

7.3.4 材料试验

组织也必须提交已完成的、汇总了适当性能和功能试验结果的设计验证计划和报告。

7.3.5 质量指数

当客户规定了特殊特性，且每年估计使用量低于500件时，组织必须在其控制计划中规定组织将执行100%检验并记录结果或：

1）用至少 30 个生产零件进行初始过程能力研究，并在生产过程中对这些特性保持使用 SPC 控制图。

2）对于可以使用计量型数据研究的特殊特性，组织必须使用下列技术之一进行过程稳定性研究：

①$X_{bar} - R$ 控制图，$n = 5$，在图上至少描绘 6 个子组。

②单值移动极差（X - MR）图，在图上至少描绘 30 个数据点。

当进行初始过程研究时，用于描绘的数据必须取自试生产的连续零件。在事先取得客户同意的情况下，这些研究可以用使用了同样设备的相同或相似过程的长期结果补充或代替。

7.3.6 标准样件

当有客户规定时，标准样件必须在 PPAP 批准后予以保留。

7.3.7 零件提交保证书

当客户规定时，组织必须使用货车工业零件提交保证书（PSW）。表 7-17 为货车工业零件提交保证书（PSW），表 7-18 为货车工业零件提交保证书（PSW）的填写指南。

7.3.8 零件重量

组织可以在 PSW 上记录所提交的零件的重量，测量和表示都以千克（kg）为单位，并保持 4 位有效数字（例如，1000kg、100.0kg、10.00kg 和 1.000kg），除非组织另行规定。为了确定零件重量，组织必须单独测量 10 个随机选取的零件并计算和报告平均重量。在产品实现过程中每个模腔、工装、生产线和过程中必须至少选取并测量一个零件的重量。

7.3.9 客户通知

组织必须通知客户任何经计划的设计和过程更改。客户可因此有选择地要求提交 PPAP 批准。与货车 OEM 签约供货的组织需要完成产品过程更改通知表，以通知即将发生的过程或专用产品的更改。表 7-19 为产品/过程更改通知（Product/Process Change Notification，PPCN）的表格，表 7-20 为产品过程更改通知表的填写指南。当有客户通知的变更要求时，组织需要完成产品过程更改通知表并发送给客户，客户收到后进行反馈，并可能有要求补充另外的更改说明或提出 PPAP 提交的要求。

表 7-17　货车工业零件提交保证书（PSW）

零件名称 ① 零件号 ② 版本 ③	
工装采购订单编号 ④ 工装图纸变更版本 ⑤ 日期 如果适用	
附加工程变更 ⑥ 日期	
图样编号 ⑦ 采购订单编号 ⑧ 重量 ⑨ kg	
检查辅具编号 ⑩ 工程变更版本 ⑪ 日期	

供方制造厂资料	提交信息
⑫	⑭
组织名称和供方代码	客户名称/部门
⑬	⑮
街道地址	客户联系人
	⑯
城市　　地区　　邮编　　国家	适用范围

注：该零件是否含有任何限制的或需要报告的物质？ ⑰ □是　□否
　　塑胶件是否已标注相应的 ISO 标注编码？ □是　□否

提交原因（至少选一项）⑱
　□首次提交　　　　　　　　　　　　□改为其他选用的结构或材料
　□工程变更　　　　　　　　　　　　□供方或材料来源变更
　□工装：转移、更换、整修或添加　　□零件加工过程变更
　□偏差校正　　　　　　　　　　　　□在其他地方生产零件
　□工装停止使用期超过一年　　　　　□其他——请说明

要求的提交等级（至少选一项）⑲
　□等级 1—只向客户提交保证书（若指定为外观项目，还应该提交外观件批准报告）
　□等级 2—向客户提交保证书及产品样品以及有限的支持数据
　□等级 3—向客户提交保证书及产品样品以及全部的支持数据　　圈出选项
　□等级 4—保证书以及客户规定的其他要求

　　　　　1　2　3　4　5　6　7　8　9　10　11　12　13　14　15　16　17　18　19
（检查）　□　□　□　□　□　□　□　□　□　□　□　□　□　□　□　□　□　□　□

　□等级 5—保证书，产品样品以及全部的支持数据都保留在组织制造现场，供审查时使用

声明
我在此声明，通过本保证书提交的样品代表了我们的零件，并符合适用的客户图样及规范，且是在正规的量产工装上，由规定的材料制造出来的，所有作业都来自正规的生产过程。此外，我还证明此符合性的文件化证据都已归档，以供评审。

解释/说明： ⑳

列出模子/模腔/生产过程 ㉑
经授权的组织代表签字 ㉒ 日期
印刷体姓名 电话号码 传真号码
职务 E-mail

仅供客户使用	
PPAP 保证书处理意见： □批准　□拒收	评价
客户签字 日期	
印刷体姓名	

表 7-18 货车工业零件提交保证书（PSW）填写指南

代号	栏目	填写说明
		零件信息
1	零件名称	工程部门签发的最终零件名称
2	客户零件编号	工程部门签发的最终零件编号
3	零件版本级别	如适用填写
4	工装采购订单编号	如适用填写
5	工程图样变更版本和批准日期	填入变更版本和日期
6	附加的工程变更	包括所有在图样上没有纳入的，但已在该零件上体现的，已经授权的工程变更文件及批准日期
7	图样编号	提交的设计记录指定的客户零件编号
8	采购订单编号	依据采购订单填入订单编号
9	零件重量	填入用千克表示的零件实际重量，保留四位有效数字
10	检查辅具编号	如果检查辅具用于检查尺寸，填入其编号
11	工程变更版本和日期	检查辅具的工程变更版本和批准日期
		组织制造厂信息
12	组织名称和代码	填入显示在采购订单上的，客户指定给制造厂的代码
13	组织制造厂地址	填入零件生产地完整的地址
		提交信息
14	客户名称/部门	填入客户公司名称和部门或运作组
15	联系人姓名	填入客户联系人的姓名
16	适用范围	填入车型年、车辆名称、或发动机、变速器等
17	该零件是否含有任何限制的或需要报告的物质 塑胶件是已标注相应的 ISO 编码	在符合的方框划 "√"，以标记受关注物质或 ISO 标识
		提交原因
18	提交原因	选择合适的原因，并在相应方框上划 "√"。若选择"其他"栏，加注细节说明
		要求的提交等级
19	要求的提交等级	标明由客户要求的提交等级，在相应方框上划 "√"。如果要求等级4，检查提交的项目
		声明
20	解释/说明	提供关于提交结果的任何详细说明；适当时，可在附件中进行附加解释
21	列出模子、模腔、生产过程	填入用于生产样件的特定模子、模腔和/或生产过程的标示的编号和代码
22	经授权的组织代表签字	在证实了各项结果符合客户的所有要求，及客户所要求的所有文件全部准备妥当后，供方负责人必须对声明的内容进行签字批准，并填写印刷体姓名、职务、电话号码、电子邮箱地址和传真号码
		仅供客户使用
		组织不填写

表7-19 产品/过程更改通知（PPCN）

致：＿＿＿＿＿①＿＿＿＿＿　客户：＿＿＿＿＿②＿＿＿＿＿

组织零件编号：＿＿＿③＿＿＿　工程版本号：＿＿＿④＿＿＿　日期：＿＿＿＿＿

客户零件编号：＿＿＿⑤＿＿＿　工程版本号：＿＿＿⑥＿＿＿　日期：＿＿＿＿＿

采购订单编号：＿＿＿⑦＿＿＿　安全和/或政府法规：＿＿＿⑨＿＿＿

应用于：＿＿＿⑧＿＿＿

组织制造信息：

名称：＿＿＿＿⑩＿＿＿＿　代码：＿＿＿⑪＿＿＿

街道地址：＿＿＿＿＿＿＿＿＿＿

城市省及邮编：＿＿＿＿＿＿＿＿＿　⑬更改类型（查是否适用）
　　　　　　　　　　　　　　　　□尺寸

受影响的客户工厂：＿＿＿⑫＿＿＿　□材料
　　　　　　　　　　　　　　　　□功能

设计职责：⑭　□客户　　□组织　　□外观

可能影响最终项目的组织更改：⑮

　　　　□产品　　□工程图样更改　　□新的或更改的下一极零件

期望的PPAP提交/完成日期＿＿＿＿＿＿⑯＿＿＿＿＿＿

产品/过程更改的详细描述：
＿＿＿＿＿＿＿＿＿＿⑰＿＿＿＿＿＿＿＿＿＿
＿＿＿＿＿＿＿＿＿＿＿＿＿＿＿＿＿＿＿＿
＿＿＿＿＿＿＿＿＿＿＿＿＿＿＿＿＿＿＿＿

计划的实施日期：＿＿＿⑱＿＿＿

声明：

我在此保证：我们将使用此更改的产品和/或过程制造具有代表性的样品，适当时，验证尺寸、外观、物理特性、功能上的性能和寿命的变化。我也保证这些文件化的符合性证据将归档以供客户评审。

解释/评价：＿＿＿＿＿＿⑲＿＿＿＿＿＿
＿＿＿＿＿＿＿＿＿＿＿＿＿＿＿＿＿＿＿＿

姓名：＿＿＿⑳＿＿＿　　职务：＿＿＿㉑＿＿＿

公司电话号码：＿＿＿㉒＿＿＿　　传真号码：＿＿＿㉓＿＿＿

E-MAIL：＿＿＿㉔＿＿＿　　日期：＿＿＿㉕＿＿＿

注：请至少在计划的更改实施前6个星期提交此通知！

请联系您的客户以决定是否以电子档形式获取此表格或是将此表格传真。

表7-20 产品/过程更改通知填写指南

代号	栏目	填写说明
1	致	客户联系人姓名
2	客户	客户组织名称
3	组织零件编号	进行产品或过程更改的可销售零件的编号
4	工程版本号	组织图样版本号和日期
5	客户零件编号	客户零件编号（如果适用）
6	工程版本号	客户图样版本号和日期
7	采购订单编号	客户的采购订单编号
8	应用于	填入车型年、车名称或发动机、变速器等
9	安全和或政府法规	零件是否有相关的安全和或政府法规（是/否）
组织制造信息		
10	名称	填入生产或将要生产此零件的公司名称和地址
11	代码	客户指定的销售此零件的组织编号
12	客户受影响的工厂	列出使用此产品的客户工厂
13	更改类型	检查受此更改影响的所有特性，并标出
14	设计职责	检查组织或客户是否有设计职责，并标出
15	可能影响最终项目的组织更改	检查对产品更改适用项目，并标出
16	期望的PPAP完成/提交日期	填入组织预计完成内部认证的日期
17	更改的详细描述	描述组织产品更改或过程更改的特定信息
18	计划实施日期	填入更改后生产的计划日期
声 明		
19	解释/评价	在此填入附加的解释或评价
20	姓名	同意此声明和提交产品/过程更改通知（PPCN）的人员姓名
21	职位	签署此声明的人的公司职位
22	公司电话号码	签署此声明的人的电话号码
23	公司传真号码	签署此声明的人的传真号码
24	E-mail地址	签署此声明的人的电子邮箱
25	日期	签署产品/过程更改通知（PPCN）的日期

其他要求的无编号的文件信息应该无需加以说明了。如果需要进一步说明，请与客户代表联系。

附 录

附录 A　IATF 16949 术语

1. 配件（Accessory Part）

配件指在交付给最终客户之前（或之后），与车辆或动力总成以机械或电子方式相连的客户指定的附加部件（如定制地垫、车厢衬、轮罩、音响系统加强件、天窗、尾翼、增压器等）。

2. 产品质量先期策划（APQP）

APQP 指对开发某一满足客户要求的产品或服务提供支持的产品质量策划过程；APQP 对开发过程具有指导意义，并且是组织与其客户之间共享结果的标准方式；APQP 涵盖的项目包括设计稳健性、设计试验和规范符合性、生产过程设计、质量检验标准、过程能力、生产能力、产品包装、产品试验和操作员培训计划等。

3. 售后市场零件（Aftermarket Part）

售后市场零件指并非由 OEM 为服务件应用而采购或放行的替换零件，可能按照或未按照原始设备规范进行生产。

4. 授权（Authorization）

授权指对某（些）人的成文许可，规定了其在组织内部授予或拒绝权限或制裁有关的权利和责任。

5. 挑战（原版）件（Challenge/Master Part）

挑战（原版）件指具有已知规范、经校准并且可追溯到标准的零件，其预期结果（通过或不通过）用于确认防错装置或检具（如通止规）的功能性。

6. 控制计划（Control Plan）

控制计划指对控制产品制造所要求的系统和过程的文件化描述。

7. 客户要求（Customer Requirements）

客户要求指客户规定的一切要求（如技术、商业、产品及制造过程相关要求；一般条款与条件；客户特定要求等）。

8. 客户特定要求（Customer-Specific Requirements，CSR）

CSR 指对本汽车质量管理体系（Quality Management System，QMS）标准特定条款的解释或与该条款有关的补充要求。

9. 装配的设计（Design for Assembly，DFA）

DFA 指出于便于装配的考虑设计产品的过程（例如，若产品含有较少零件，产品的装配时间则较短，从而减少装配成本）。

10. 制造的设计（Design for Manufacturing，DFM）

DFM 指产品设计和过程策划的整合，用于设计出可简单经济地制造的产品。

11. 制造和装配的设计（Design for Manufacturing and Assembly，DFMA）

DFMA 指两种方法的结合：制造的设计（DFM）为更易生产、更高产量及改进的质量优化设计过程，装配的设计（DFA）为减少出错风险、降低成本并更易装配的设计优化。

12. 六西格玛设计（Design for Six Sigma，DFSS）

DFSS 指系统化的方法、工具和技术，旨在稳健设计满足客户期望并且能够在六西格玛质量水平生产的产品或过程。

13. 具有设计责任的组织（Design Responsible Organization）

具有设计责任的组织指有权制定新的产品规范，或对现有的产品规范进行更改的组织。
注：本责任包括在客户规定的应用范围内，对设计性能的试验和验证。

14. 防错（Error Proofing）

防错指为防止制造不合格产品的制造而进行的产品和制造过程的设计及开发。

15. 升级过程（Escalation Process）

升级过程指用于在组织内部强调或触发特定问题的过程，以便适当人员可对这些情况作出响应并监控其解决。

16. 故障树分析法（Fault Tree Analysis，FTA）

FTA 指分析系统非理想状态的演绎故障分析法；通过创建整个系统的逻辑框图，故障树分析法显示出各故障、子系统及冗余设计要素之间的关系。

17. 试验室（Laboratory）

试验室指进行检验、试验或校准的设施，其范围包括但不限于化学、金相、尺寸、物理、电性能及可靠性试验。

18．试验室范围（Laboratory Scope）

试验室范围包含下列受控文件：

1）试验室有资格进行的特定试验、评价或校准。

2）用来进行上述活动的设备的清单。

3）用来进行上述活动的方法和标准的清单。

19．制造（Manufacturing）

制造指以下制作或加工的过程：

1）生产原材料。

2）生产件或维修件。

3）装配。

4）热处理、焊接、涂漆、电镀或其他表面处理服务。

20．制造可行性（Manufacturing Feasibility）

制造可行性指对拟建项目的分析和评价，以确定该项目是否在技术上是可行的，是否能够制造出符合客户要求的产品。这包括但不限于以下方面（如适用）：在预计成本范围内是否具有必要的资源、设施、工装、产能、软件及具有所需技能的人员，包括支持功能，或者计划是可用的。

21．制造服务（Manufacturing Services）

制造服务指试验、制造、分销部件和组件并为其提供维修服务的公司。

22．多方论证方法（Multi-disciplinary Approach）

多方论证方法指从可能会影响一个团队如何管理过程的所有相关方获取输入信息的方法，团队成员包括来自组织的人员，也可能包括客户代表和供应商代表；团队成员可能来自组织内部或外部；若情况许可，可采用现有团队或特设团队；对团队的输入可能同时包含组织输入和客户输入。

23．未发现故障（No Trouble Found，NTF）

NTF 表示针对服务期间被替换的零件，经车辆或零件制造商分析，满足"良品件"的全部要求（亦称为"未发现错误"或"故障未发现"）。

24．外包过程（Out Sourced Process）

外包过程指由外部组织履行的一部分组织功能（或过程）。

25. 周期性检修（Periodic Maintenance）

周期性检修指用于防止发生重大意外故障的维护方法，此方法根据故障或中断历史，主动停止使用某一设备或设备子系统，然后对其进行拆卸、修理、更换零件、重新装配并恢复使用。

26. 预测性维护（Predictive Maintenance）

预测性维护指通过对设备状况实施周期性或持续监视来评价在役设备状况的一种方法或技术，以便预测应当进行维护的具体时间。

27. 超额运费（Premium Freight）

超额运费指合同交付之外发生的附加成本或费用。

注：它可能是由于方法、数量、未按计划或延迟交付等原因导致。

28. 预防性维护（Preventive Maintenance）

预防性维护指为了消除设备失效和非计划性生产中断的原因而策划的定期活动（基于时间的周期性检验和检修），它是制造过程设计的一项输出。

29. 产品（Product）

产品指适用于产品实现过程产生的任何预期输出。

30. 产品安全（Product Safety）

产品安全指与产品设计和制造有关的标准，确保产品不会对客户造成伤害或危害。

31. 生产停工（Production Shutdown）

生产停工指制造过程空闲的情况；时间跨度可从几个小时到几个月不等。

32. 反应计划（Reaction Plan）

反应计划指检测到异常或不合格事件时，控制计划中规定的行动或一系列步骤。

33. 外部场所（Remote Location）

外部场所指支持现场且非生产过程的场所。

34. 服务件（Service Part）

服务件指按照 OEM 规范制造的，由 OEM 为服务件应用而采购或放行的替换件，包括再制造件。

35. 现场（Site）

现场指发生增值制造过程的场所。

36. 特殊特性（Special Characteristic）

特殊特性指可能影响产品的安全性或法规的符合性、配合、功能、性能、要求或产品的后续过程的产品特性或制造过程参数。

37. 特殊状态（Special Status）

特殊状态指一种客户识别分类的通知，分配给由于重大质量或交付问题，未能满足一项或多项客户要求的组织。

38. 支持功能（Support Function）

支持功能指对同一组织的一个（或多个）制造现场提供支持的（在现场或外部场所进行的）非生产活动。

39. 全面生产维护（Total Productive Maintenance）

全面生产维护指一个通过为组织增值的机器、设备、过程和员工，维护并改善生产及质量体系完整性的系统。

40. 权衡曲线（Trade-off Curves）

权衡曲线指用于理解产品各设计特性的关系并使其相互沟通的一种工具；产品一个特性的性能映像于 Y 轴，另一特性的性能映像于 X 轴，然后可绘制出一条曲线，显示产品相对于这两个特性的性能。

41. 权衡过程（Trade-off Process）

权衡过程指绘制并使用产品及其性能特性的权衡曲线的一种方法，这些特性确立了设计替代方案之间的客户、技术及经济关系。

附录 B PPAP 术语

1. 认可的实验室（Accredited Laboratory）

认可的实验室是指经国家认可的认证机构，或经客户认可的认证机构评审和批准的实验室。符合 ISO/IEC 导则 58 并获得 ISO/IEC 17025 或国家等同标准的校准或实验室认证。

2. 在用零件（Active Part）

在用零件是指当前正在提供给客户用于原设备或维修用途的零件。该零件只有在客户有关部门授权工装报废后才停用。对于用非客户所有的工装加工的零件或由同一工装加工多种零件的情况，要求有客户采购部门的书面确认，方可停用零件。

对于散装材料，"在用零件"指合同约定的散装材料，而不是由该材料后续生产出的零件。

3. 外观项目（Appearance Item）

外观项目是指在车辆完工后即可见的产品。某些客户将在工程图样上标注外观项目。在这种情况下，要求在生产零件提交前，对外观（颜色、纹理和织物）进行专门的批准。

4. 批准（Approved）

在 PPAP 中，批准指零件、材料和/或有关文件（或记录提交给客户，并由客户评审后）满足所有的客户要求。经批准或临时批准后，组织被授权按照客户指示发运产品。

5. 批准的图样（Approved Drawing）

批准的图样是指经工程师签字的、在整个客户系统中发布的工程图样。

6. 批准的材料（Approved Materials）

批准的材料指由行业标准规范（如：SAE、ASTM、DIN 和 ISO）⊖或由客户规范控制的材料。

7. 批准的货源清单（Approved Source List）

批准的货源清单指一份被客户接受的组织和供方的清单。使用来自一个批准的供方的产

⊖ SAE 指 Society of Automotive Engineers，机动车工程师学会。
　DIN 指 Deutsche Industrie Normen，德国工业标准。

品并不减轻组织对该产品质量的责任。

8. 计数型数据（Attribute Data）

计数型数据是指能够用计数来记录和分析的定性数据。例如：一个要求的标签存在和不存在，所有要求的紧固件的安装。对于生产件提交，不接受计数型数据，除非不能获得计量型数据。

9. 经授权的客户代表 [Authorized Customer Representative（s）]

经授权的客户代表是有权代表客户批准的个人或一些人。

注：客户的过程应该确定批准权限。

10. 黑盒子（Black Box）

黑盒子指一个部件（例如：一个总成、电子装置、机械装置、控制模块等），其设计职责属于组织或供方。黑盒子的要求通常限制于与客户接口连接和功能性要求的验证。与外部的设计和开发（Outside Design Development，O.D.D.）具有相同的意思。

11. 散装材料（Bulk Meterial）

散装材料指诸如黏合剂、密封剂、化学品、涂料、纺织品和润滑剂等物质（不成型的固体、液体和气体）。如果发布了一个客户生产件编号，那么这种散装材料就会成为生产材料（见术语"生产材料"）。

12. 散装材料要求检查表（Bulk Meterial Requirement Checklist）

散装材料要求检查表规定了客户对散装材料的 PPAP 要求（见第 7.1.2 节散装材料要求检查表）。

13. CAD/CAM 数学数据（CAD/CAM Math Data）

CAD/CAM 数学数据是设计记录的一种形式，可以通过它将确定的产品所需的所有尺寸信息进行电子传输。当使用这种设计记录时，组织负责获得一张图样来传达尺寸检验的结果。

14. 校准（Calibration）

校准指在规定的条件下，把从某一检验、测量、试验设备或量具上的数值与已知标准进行比较的一系列操作。

15. 能力（Capability）

能力是指一个稳定过程中固有变差的总范围（见《统计过程控制》参考手册）。

16. 测绘图样（Checked Print）

测绘图样是一份已发布的工程图样，上面标有组织的实际测量结果。这些结果接近于每一个图样尺寸和其他要求。

17. 合格（Conformance）

合格指部件或材料满足客户的规范和要求。

18. 控制（Control）

见术语"统计控制"。

19. 控制图（Control Charts）

控制图是指一个过程的某一特性的图形表示法，图上画出了从该特性所收集到的一些统计量的数值，如一条中心线、一条或两条控制限。它有两个基本用途，一是用作判断确定一个过程是否处于统计受控状态；二是用来帮助保持该过程的统计受控状态。

20. 控制计划（Control Plans）

控制计划是指对控制生产件或散装材料和过程的系统的书面描述。组织编写此文件的重点在于表明产品的重要特性和工程要求。每个零件都必须有控制计划，但在许多情况下，"系列零件"控制计划可适用于相同的过程生产出的许多零件。参见《产品质量先期策划与控制计划》参考手册、IATF 16949 和客户的特殊要求。

21. 客户（Customer）

客户指组织或供方的产品或服务的接受者。

22. 预期的稳健范围设计（Design-Intended Robust Range）

预期的稳健范围设计是指在保证产品符合使用要求的条件下，其参数允许变化的限制范围。

23. 设计记录（Design Record）

设计记录是指零件图样、规范和/或电子（CAD）数据，用于传递生产一个产品所必须的信息。

24. 失效模式和后果分析（Failure Mode and Effects Analysis，FMEA）

FMEA 是指一组系统的获得：①识别和评审产品或过程的潜在失效及其影响；②确定能消除或减少潜在失效发生机会的措施；③将此过程文件化。它是补充定义产品或过程以满足客户。参见《潜在失效模式及后果分析》参考手册。

25. 初始过程研究（Initial Process Study）

初始过程研究指量产前，为确定生产过程是否能生产出满足客户要求的产品所进行的短期过程研究。参见《统计过程控制》参考手册。

26. 实验室（Laboratory）

实验室是一种包括化学、冶金、尺寸和物理的测量设施，进行电气、可靠性测试或测试验证。

27. 实验室范围（Laboratory Scope）

实验室范围包含如下内容的质量记录：
1）组织实验室有能力和资格进行的特定的试验、评价和校准。
2）用以进行上述活动的设备清单。
3）进行上述活动所用的方法和标准清单。

28. 标记过的图样（Marked Print）

标记过的图样是由客户工程师修改、签字并标注日期的工程图样（必须包括工程更改编号）。

29. 组织（Organizations）

组织是将生产材料、生产件或服务件、总成、热处理、焊接、喷漆或其他最终服务直接供给OEM或要求此文件的其他客户的供应商。

30. 零件提交保证书（Part Submission Warrant，PSW）

PSW是指对所有新开发或修改的产品所要求的一种行业标准文件。在该文件中，组织确认对生产件的检验和试验均符合客户的要求。

31. 易损工装（Perishable Tools）

易损工装指钻头、切削刀具、镶嵌刀片等，用于生产产品并在过程中消耗的物品。

32. 过程（Process）

过程是将输入转化为输出的一组相互联系或相互作用的活动。

33. 过程流程图（Process Flow Diagram）

过程流程图是过程流程的示意图。
注1：过程流程图应该关注制造过程，包括返工和返修。
注2：过程流程图可应用于其他任何方面的业务。

34. 生产环境（Production Environment）

生产环境是指生产现场中进行制造的场所，包括生产工装、量具、工艺过程、材料、操作者、环境和过程设置,如给进量、速度、循环时间、压力、温度、生产线节拍等。环境被定义为围绕或影响零件或产品制造和质量的所有过程条件。对于每一个现场的环境都会有所不同,但是通常包括房屋清洁、照明、噪声、供热通风与空气调节(Heating, Ventilation and Air Conditioning, HVAC)、静电释放(Electro-Static Discharge, ESD)控制和与房屋清洁有关的安全危害。

35. 生产材料(Production Material)

生产材料指由客户指定一个生产件编号,且直接装运给客户的材料。

36. 生产件(Production Part)

生产件指在生产现场,用生产工装、量具、工艺过程、材料、操作者、环境和过程设置(如给进量、速度、循环时间、压力、温度等)制造出来的部件。

37. 生产件批准提交(Production Part Approval Submission)

生产件批准提交是以从有效的生产运行中抽取特定数量的生产件或生产材料为基础,该生产过程是用生产工装、工艺过程和节拍来进行的。这些用于生产件批准而提交的零件或材料要由组织验证,满足所有设计记录上规定的要求。

38. 生产节拍(Production Rate)

生产节拍是在计划的时间段内生产出协议数量的零件,用以满足客户组装或制造工厂量产的需要。需考虑其他产品混线生产或机器的可获得性。

注:通常在采购协议上规定此生产节拍。

39. 质量指数(Quality Indices)

质量指数是对产品或过程的能力或性能的衡量,例如:C_{pk} 或 P_{pk}。参见《统计过程控制》参考手册。

40. 质量策划(Quality Planning)

质量策划是指一种确定生产某具体产品或系列产品(如零件、材料等)所用方法(如测量、试验)的结构化的过程。与缺陷探测不同,质量策划包含缺陷预防和持续改进的理念。参见《产品质量先期策划与控制计划》参考手册。

41. 质量记录(Quality Record)

质量记录是说明取得的结果,或提供已执行的活动的证据的文件。例如,试验结果、内部审核结果、校准的数据。

42. 正规生产工装（Regular Production Tooling）

正规生产工装是制造厂用于生产产品的工装。

43. 可销售产品/零件（Saleable Product/Part）

可销售产品/零件是指在客户和组织的合同中规定的产品/零件。

44. 有效的生产运行（Significant Production Run）

见第3.1节有效的生产运行。

45. 现场（Site）

现场是增值的制造过程发生的场所。

46. 特殊特性（Special Characteristics）

特殊特性是指影响产品的安全、法规符合性、装配、功能、性能和后续加工的产品特性或制造过程参数，参考客户特殊要求。

47. 规范（Specifications）

规范指说明要求的文件。

注：对于PPAP，由工程规范确定的产品特性必须满足要求，要求实际的测量和试验结果。规范不应该与代表"过程声音"的控制限相混淆。

48. 稳定过程（Stable Process）

稳定过程是一个统计控制的过程。在稳定过程中，输出的变差只是来自普通原因。参见《统计过程控制》参考手册。

49. 统计控制（Statistical Control）

统计控制是一个过程的状态，变差的所有特殊原因已消除，仅存在普通原因。参见《统计过程控制》参考手册。

50. 提交等级（Submission Level）

提交等级指客户要求的组织提交PPAP的级别，参见第5.2节PPAP提交证据的等级。

51. 供方（Suppliers）

供方是将生产材料、生产件或服务件、装配、热处理、焊接、喷漆或其他最终服务，直接提供给向OEM或要求此文件的其他客户的组织或供应商。

52. 工具（Tool）

工具定义为过程设备的一部分，是一个特定组件或分总成。工具（或工装）用于过程设备以把原材料转化成零件或总成。

53. 确认（Validation）

确认指通过提供客观证据，确认某一特定预期用途的要求已经被满足。

54. 计量型数据（Variables Data）

计量型数据是用于定量分析的测量结果。例如：用毫米表示的轴承轴颈直径，用牛顿表示的关门的力，用百分数表示的电解液浓度，以及用牛顿·米表示的紧固件力矩。

55. 验证（Verification）

验证是通过提供客观证据，确认规定的要求已经被满足。

56. 保证书（Warrant）

见术语"零件提交保证书（PSW）"和第 3.2.18 节零件提交保证书。

附录 C 控制图常数和公式

控制图常数和公式（Xbar-R 图和 Xbar-s 图）

子组容量 n	$\bar{X}$-R 图 均值 $\bar{X}$ 图 计算控制限用的系数 A_2	$\bar{X}$-R 图 全距 R 图 估计标准差用的除数 d_2	$\bar{X}$-R 图 全距 R 图 计算控制限用的系数 D_3	$\bar{X}$-R 图 全距 R 图 计算控制限用的系数 D_4	$\bar{X}$-s 图 均值 $\bar{X}$ 图 计算控制限用的系数 A_3	$\bar{X}$-s 图 标准差 s 图 估计标准差用的除数 c_4	$\bar{X}$-s 图 标准差 s 图 计算控制限用的系数 B_3	$\bar{X}$-s 图 标准差 s 图 计算控制限用的系数 B_4
2	1.880	1.128	—	3.267	2.659	0.7979	—	3.276
3	1.023	1.693	—	2.571	1.954	0.8862	—	2.568
4	0.729	2.059	—	2.282	1.628	0.9213	—	2.266
5	0.577	2.326	—	2.114	1.427	0.9400	—	2.089
6	0.483	2.543	—	2.004	1.287	0.9515	0.030	1.970
7	0.419	2.704	0.076	1.924	1.182	0.9594	0.118	1.882
8	0.373	2.847	0.136	1.864	1.099	0.9650	0.185	1.815
9	0.337	2.970	0.184	1.816	1.032	0.9693	0.239	1.761
10	0.308	3.078	0.223	1.777	0.975	0.9727	0.284	1.716
11	0.285	3.173	0.256	1.744	0.927	0.9754	0.321	1.679
12	0.266	3.258	0.283	1.717	0.886	0.9776	0.354	1.640
13	0.249	3.336	0.307	1.693	0.850	0.9794	0.382	1.618
14	0.235	3.407	0.328	1.672	0.817	0.9810	0.406	1.594
15	0.223	3.472	0.347	1.653	0.789	0.9823	0.428	1.572
16	0.212	3.532	0.363	1.637	0.763	0.9835	0.448	1.552
17	0.203	3.588	0.378	1.622	0.739	0.9845	0.446	1.534
18	0.194	3.640	0.391	1.608	0.718	0.9854	0.482	1.518
19	0.187	3.689	0.403	1.597	0.698	0.9862	0.497	1.503
20	0.180	3.735	0.415	1.585	0.680	0.9869	0.510	1.490
21	0.173	3.778	0.425	1.575	0.663	0.9876	0.523	1.477
22	0.167	3.819	0.434	1.566	0.647	0.9882	0.534	1.466
23	0.162	3.858	0.443	1.557	0.633	0.9887	0.545	1.455
24	0.157	3.895	0.451	1.548	0.619	0.9892	0.555	1.445
25	0.153	3.931	0.459	1.541	0.606	0.9896	0.565	1.435
中心线	$CL_{\bar{X}} = \bar{\bar{X}}$		$CL_R = \bar{R}$		$CL_{\bar{X}} = \bar{\bar{X}}$		$CL_s = \bar{s}$	
控制限	$UCL_{\bar{X}} = \bar{\bar{X}} + A_2 \bar{R}$ $UCL_R = D_4 \bar{R}$		$LCL_{\bar{X}} = \bar{\bar{X}} - A_2 \bar{R}$ $LCL_R = D_3 \bar{R}$		$UCL_{\bar{X}} = \bar{\bar{X}} + A_3 \bar{s}$ $UCL_S = B_4 \bar{s}$		$LCL_{\bar{X}} = \bar{\bar{X}} - A_3 \bar{s}$ $LCL_S = B_3 \bar{s}$	
估计 δ	$\delta = \bar{R}/d_2$				$\delta = \bar{s}/c_4$			

控制图常数和公式（中位数图和单值图）

子组容量	中位数图				单值图			
	中位数 $\tilde{X}$ 图	全距 R 图			单值 X 图	全距 R 图		
	计算控制限用的系数	估计标准差用的除数	计算控制限用的系数		计算控制限用的系数	估计标准差用的除数	计算控制限用的系数	
n	$\tilde{A}_2$	d_2	D_3	D_4	E_2	d_2	D_3	D_4
2	1.880	1.128	–	3.267	2.660	1.128	–	3.267
3	1.187	1.693	–	2.574	1.772	1.693	–	2.574
4	0.796	2.059	–	2.282	1.457	2.059	–	2.282
5	0.691	2.326	–	2.114	1.290	2.326	–	2.114
6	0.548	2.534	–	2.004	1.184	2.534	–	2.004
7	0.508	2.704	0.076	1.924	1.109	2.704	0.076	1.924
8	0.433	2.847	0.136	1.864	1.054	2.847	0.136	1.864
9	0.412	2.970	0.184	1.816	1.010	2.970	0.184	1.816
10	0.362	3.078	0.223	1.777	0.975	3.078	0.223	1.777
中心线	$CL_{\tilde{X}} = \bar{\tilde{X}}$	$CL_R = \bar{R}$			$CL_X = \bar{X}$	$CL_R = \bar{R}$		
控制限	$UCL_{\tilde{X}} = \bar{\tilde{X}} + \tilde{A}_2 \bar{R}$ $UCL_R = D_4 \bar{R}$	$LCL_{\tilde{X}} = \bar{\tilde{X}} - \tilde{A}_2 \bar{R}$ $LCL_R = D_3 \bar{R}$			$UCL_X = \bar{X} + E_2 \bar{R}$ $UCL_R = D_4 \bar{R}$	$LCL_X = \bar{X} - E_2 \bar{R}$ $LCL_R = D_3 \bar{R}$		
估计 δ	$\delta = \bar{R}/d_2$				$\delta = \bar{R}/d_2$			

参 考 文 献

[1] International Automotive Task Force. IATF 16949, Quality management system requirements for automotive production and relevant service parts organizations [Z]. 2016.

[2] ISO. ISO 9000:2015, 质量管理体系基础和术语 [Z]. 2015.

[3] 王海军. 产品质量先期策划（APQP）实用指南 [M]. 北京：机械工业出版社，2018.

[4] 王祖和. 项目质量管理 [M]. 北京：机械工业出版社，2009.

[5] 郑嵩祥，柴邦衡. ISO/TS 16949 国际汽车供应商质量管理体系解读和实施 [M]. 北京：机械工业出版社，2005.

[6] 周禄新，韩天锡，魏雪丽. 管理数量方法 [M]. 西安：西北工业大学出版社，2006.

[7] 马逢时. 六西格玛管理统计指南 [M]. 北京：中国人民大学出版社，2013.

[8] 谢建华. ISO/TS 16949 五大技术工具最新应用实务 [M]. 北京：中国经济出版社，2014.

[9] 柴邦衡，刘晓论. ISO9001:2008 质量管理体系文件 [M]. 北京：机械工业出版社，2009.

[10] 杨霞. 文件管理规程与案例 [M]. 北京：北京大学出版社，2014.

[11] 国家质量技术监督局. 常规控制图：GB/T 4091—2001 [S]. 北京：中国标准出版社，2004.

[12] 国家质量监督检验检疫总局. 质量管理体系文件指南：GB/T 19023—2003 [S]. 北京：中国标准出版社，2004.

[13] 王海军. 浅谈产品和过程的特殊特性 [J]. 汽车制造业，2009（1-2）：48-49.

[14] 王海军. 控制计划在汽车制造企业的应用 [J]. 中国认证认可，2016（10）：28-30.

[15] 王海军，曹玉秀. IATF 16949 之 APQP 工具的应用与实施 [J]. 中国认证认可，2017（1）：62-66.

[16] 王海军. 生产件批准程序（PPAP）的应用与实施 [J]. 质量春秋，2017（6）：15-20.

[17] 王海军，张守波，张宝春，等. 一种异型塑料产品的检查辅具：201821291533X [P]. 2019-04-26.